달꿈이와 동화로 배우는
2학년 과학

관찰·분류·예상·추리·측정·통합 탐구

달꿈이와 동화로 배우는 2학년 과학

1판 1쇄 발행 2025년 3월 14일

글쓴이	최광식, 서재희, 김명현
그린이	술작

편집	김민애
디자인	박영정

펴낸이	이경민
펴낸곳	㈜동아엠앤비
출판등록	2014년 3월 28일(제25100-2014-000025호)
주소	(03972) 서울특별시 마포구 월드컵북로22길 21, 2층
홈페이지	www.moongchibooks.com
전화	(편집) 02-392-6901　(마케팅) 02-392-6900
팩스	02-392-6902
SNS	f ⓘ blog
전자우편	damnb0401@naver.com

ISBN	979-11-6363-946-6 (74400)
	979-11-6363-944-2 (세트)

※ 책 가격은 뒤표지에 있습니다.
※ 잘못된 책은 구입한 곳에서 바꿔 드립니다.
※ 이 책에 실린 사진은 셔터스톡, 위키피디아에서 제공받았습니다. 그 밖의 제공처는 별도 표기했습니다.

도서출판 뭉치는 ㈜동아엠앤비의 어린이 출판 브랜드로, 아이들의 지식을 단단하게 만들어 주고, 아이들의 창의력과 사고력을 키워 주어 우리 자녀들이 융합형 창의 사고뭉치로 성장할 수 있도록 좋은 책을 만들겠습니다.

작가의 말

　사실 저는 어렸을 때 과학은 무조건 외워야 하는 어려운 과목이고, 과학자들만 하는 것으로 생각했어요. 좋은 성적을 얻기 위해 배운 내용을 억지로 머릿속에 집어넣었던 기억이 납니다. 하지만 이 책의 주인공, 달꿈이를 만나고 나서 어느 순간 과학이 저에게 말을 걸기 시작했답니다. 소리 없이 조용히 내리는 눈, 매일 뜨는 해, 이 모든 것이 마치 나에게 조용히 말을 걸고 있는 것 같았어요. 과학은 우리가 매일 쓰는 말과는 다르게 '바로 이거야'라고 직접적으로 말해 주지 않아요. 대신 우리가 세상을 바라보고 이해하는 눈을 뜨게 도와주지요.

　어느 날 도서실에서 책을 읽고 있던 달꿈이는 책 속에서 동화 나라에서 온 초대장을 받게 됩니다. 위기에 빠진 동화 나라를 구하기 위해 달꿈이는 신비한 모험을 떠난답니다. 달꿈이는 동화 나라에 들어가서 어떻게 문제를 해결했을까요?

　옷장을 지나 동화 나라로 들어간 달꿈이는 도깨비에게 혼쭐이 난 놀부를 돕기 위해 주변을 관찰하며 문제를 해결해요. 그리고 에피메테우스가 제멋대로 만들어 버린 오리너구리에게는 분류를 사용하여 모든 생명이 가진 의미를 찾아 줍니다. 돼지로 변한 달꿈이는 늑대의 공격을 예상하여 멋지게 막아 내지요. 또한 셜록 홈스와 함께 그림자의 길이를 추리해 잃어버린 왕관과 방패를 찾아 주고, 바보 이반과 함께 농사를 짓는 데 필요한 측정 도구를 만들기도 한답니다. 마지막으로, 보물섬으로 떠나는 여행에서 선원들이 괴혈병에 걸렸을 때는 통합 탐구 실험을 통해 해결 방법을 찾아내기도 한답니다.

달꿈이와 함께 떠나는 동화 속 모험을 통해, 여러분도 과학을 더 친숙하게 생각하게 될 거예요. 달꿈이처럼 여러분도 일상생활 속에서 일어나는 문제를 과학적인 방법으로 해결해 보면 어떨까요? 분명 이야기 속에서 배운 관찰, 분류, 측정, 예상, 추리, 의사소통이라는 기초 탐구 기능이 도움이 될 거예요. 뿐만 아니라 과학 실험과 같은 통합 탐구 기능도 익히게 될 거고요. 이 책을 읽다 보면, 어느 순간 여러분도 저처럼 과학이 걸어오는 작은 말소리를 들을 수 있을 거예요. 그럼 달꿈이와 함께 신나는 모험을 떠나 볼까요? 분명 과학이 아주 재미있어질 거예요.

최광식 서재희 김명현

등장인물

달꿈이
나는 이 책의 주인공 최달꿈. 우연히 옷장을 통해 동화 나라로 들어가게 된 뒤, 동화 나라의 문제를 과학적 사고로 멋지게 해결하는 초등학생이야.

놀부
지나친 욕심 때문에 도깨비한테 혼쭐이 나고 몸이 새보다 작아졌지 뭐야. 그래도 달꿈이, 제비와 함께 남쪽 여행을 하면서 진짜 중요한 걸 깨달았지.

셋째 아기 돼지
우리 돼지 형제 중에서 나는 손재주가 가장 뛰어난 걸로 유명해. 이번에는 과학을 좋아하는 달꿈이와 힘을 합쳤으니, 늑대 녀석을 완벽하게 물리칠 수 있겠지?

늑대
아기 돼지 삼 형제의 집을 무너뜨리는 건 이 늑대한테 문제도 아니었어. 그런데 갑자기 나타난 막내 때문에 내 계획이 다 망쳐질 것 같아. 어쩌지?

셜록 홈스
대학교 입학식에서 도난 사건을 멋지게 해결하는 것으로 나의 능력은 입증되었지. 물론 달꿈이의 추리도 한몫했지만.

에피메테우스
생각보다 행동이 앞서서 종종 실수하는 게 내 흠이지만, 그래도 나는 뭐든 뚝딱뚝딱 잘도 만들어 낸다고.

프로메테우스
행동이 앞서는 동생 에피메테우스와 달리 난 좀 신중한 성격이야. 너희 인간들에게 불을 선물한 게 바로 나라는 말씀!

바보 이반
다들 나를 바보라고 놀리지만, 사실 난 성실하고 순진한 사람이야. 그래서 악마가 아무리 나를 골탕 먹여도 끄떡하지 않는다고.

트릴로니 지주
보물섬을 찾아 모험을 떠나지만, 안타깝게도 괴혈병으로 우리 선원들을 다 잃게 생겼어. 달꿈아, 나를 좀 도와줘!

차례

작가의 말 • 4
등장인물 • 6
(프롤로그) 달꿈이의 신기한 동화 속 모험 • 10

관찰을 해요
우리 놀부가 달라졌어요 • 13
- (그것이 궁금해) 관찰이 뭘까?
- (선생님과 과학 읽기) 지구의 자전과 공전
- (더 알아볼까?) 동쪽은 어느 쪽?

분류를 해요
이 동물의 이름은? • 29
- (그것이 궁금해) 분류의 기준이 뭘까?
- (선생님과 과학 읽기) 오리너구리는 어디에 속할까?
- (더 알아볼까?) 기준에 따른 동물 분류

예상을 해요
아기 돼지 삼 형제가 아니라 사 남매 • 45
- (그것이 궁금해) 예상이 뭘까?
- (선생님과 과학 읽기) 진흙 벽돌이 단단한 이유
- (더 알아볼까?) 존 플랜트의 벽돌집

추리를 해요
셜록 홈스와 왕관 도난 사건 · 61
- 그것이 궁금해) 추리의 방법
- 선생님과 과학 읽기) 그림자의 이동
- 더 알아볼까?) 발자국으로 추리하기

측정을 해요
이반은 바보가 아니야 · 75
- 그것이 궁금해) 측정을 할 수 있는 도구에는 무엇이 있을까?
- 선생님과 과학 읽기) 자격루와 앙부일구
- 더 알아볼까?) 공기의 무게를 재 볼까?

통합 탐구를 해요
보물섬의 진짜 보물 · 91
- 그것이 궁금해) 통합 탐구 능력이란 뭘까?
- 선생님과 과학 읽기) 괴혈병과 라임
- 더 알아볼까?) 아이오딘 용액과 비타민 C가 만나면?

- 에필로그) 동화 속 모험이 끝나고… · 107

프롤로그
달꿈이의 신기한 동화 속 모험

내 이름은 달꿈이. 책을 좋아하는 초등학생이지.
책을 읽고, 그 속에서 과학적 탐구를 즐기는 어린이야.
그런데 나한테 정말 신기한 일이 일어났지 뭐야?

학교 도서실에서 책을 읽다가

마지막 페이지에서 황금색 초대장을 발견했어.

당신을 동화 나라에 초대합니다.
동화 나라에 여러 문제가 생겼어요.
당신의 과학 지식으로 해결해 주세요.
밤 12시가 되면 박수를 두 번 치고,
옷장으로 들어오세요.

- 동화 나라 요정들 -

당연히 누가 장난을 쳤다고 생각했어.

그래서 그냥 초대장을 다시 끼워 놓았지.

옷장 속으로 옷을 젖히고 들어간 달꿈이 눈앞에 으리으리한 기와집이 나타났다. 기와집에는 동화책에서나 봤던 도깨비가 한 남자를 호통치고 있었다.

"이놈, 놀부야! 네 죄를 네가 알렷다. 그렇게 욕심을 부리면 쓰나?"

놀부는 손이 발이 되도록 싹싹 빌고 있었다.

'여기가 어디지? 혹시 흥부와 놀부 이야기 속인가?'

깜짝 놀란 달꿈이는 손으로 입을 막았다. 그런데 이상한 일이었다. 달꿈이의 입은 새의 부리요, 손은 날개가 되어 있었다. 달꿈이의 등과 날개는 검은색 털로, 배 부분은 흰색 털로 덮여 있었다.

'홍부와 놀부의 이야기이고 지금 내가 새가 된 거라면, 혹시 내가 그 제비?'

달꿈이는 양쪽 날개를 파닥파닥 움직여 보았다. 순식간에 달꿈이는 하늘을 날고 있었다.

"내가 하늘을 날고 있어!"

달꿈이는 신나서 소리쳤다. 달꿈이가 하늘을 날고 있을 때 도깨비가 방망이를 한 바퀴 돌렸다. 그러자 놀부가 점점 작아지기 시작했다.

마침 먹이를 찾던 사마귀가 놀부를 발견하고 날카로운 앞발을 세우며 빠른 속도로 달려왔다.

"놀부 살려!"

사마귀가 부리나케 달아나는 놀부를 쫓아갔다. 마음이 급해진 놀부는 눈앞에 있는 달꿈이 꽁지를 잡고 등에 올라탔다.

"지금 뭐 하는 거예요? 이거 놓으세요!"

달꿈이는 깜짝 놀라 소리쳤다.

그때 달꿈이 옆에 있던 꽁지가 긴 제비가 말했다.

"네 등에 타고 있는 저 인간은 작년에 네 다리를 부러뜨린 놀부 아냐? 얼른 내려놔. 동생은 어떻게 사는지 거들떠보지 않고 욕심만 챙기는 사람이야."

"제발 나 좀 살려 주시게. 이렇게 작아진 몸으로 어찌 살겠나? 박씨를 물어 온 너희 제비는 내가 어떻게 다시 커질 수 있는지 혹시 아니?"

놀부는 애원하듯 말했다.

"거참, 귀찮게 하시네요. 난 잘 몰라요. 우리 대장 케이라면 알지도 모르지만."

꽁지가 긴 제비는 귀찮다는 듯 말했다.

"그럼 나를 대장에게 데려다줄 수 있겠니? 부탁한다."

"일단 대장에게 데려다주기만 할 테니까 그다음은 아저씨가 알아서 해결하세요."

달꿈이는 놀부를 등에 태우고 대장 케이에게 갔다.

"제비 대장님, 내가 어떻게 하면 원래대로 커질 수 있는지 그 방법을 아시나요?"

"나도 잘 모릅니다. 그렇지만 따뜻한 남쪽으로 가면 그 방법을 알 수 있을지도 모르겠소."

제비 대장 케이가 놀부에게 말했다.

"남쪽은 언제 가는 건가요?"

놀부가 물었다.

"우리 제비들은 바람 방향이 바뀌는 계절인 가을이 되면 남쪽으로 내려갑니다."

이 말을 듣고 귀가 솔깃해진 놀부는 케이에게 말했다.

"그럼 저도 남쪽으로 데리고 가 주세요."

"우리 제비는 인간이 사는 집 처마에 집을 만듭니다. 그만큼 인간과 친한 새이고, 인간도 우리를 길조(좋은 일을 가져온다고 여기는 새)라고 부릅니다. 하지만 당신은 보통 인간과 다르게 우리를 괴롭힌 것으로 알고 있습니다만."

"그래도 이렇게 부탁할 테니 꼭 좀 데리고 가 주세요."

놀부는 간곡하게 부탁했다.

"좋소. 단, 무리를 방해하는 행동은 절대 안 되오."

대장 케이는 놀부에게 몇 번씩 다짐을 받아냈다.

"출발이다!"

대장 케이는 모든 제비가 들을 수 있게 큰 소리로 말했다.

놀부는 떨어지지 않게 달꿈이 목덜미를 단단히 붙잡았다.

제비 무리는 바다를 지나 무사히 제주도에 도착했다. 한라산 비자나무가 빽빽이 있는 곳에서 대장 케이가 말했다.

"오늘은 여기에서 쉬었다 간다. 내일은 더 멀리 날아야 하니 푹 쉬도록 한다."

바다를 건너 쉼 없이 날아온 제비 무리는 지친 날개를 내려놓았다.

그런데 이런 제비 무리를 매서운 눈으로 노려보던 이가 있었다. 해마다 제주도에 오는 제비를 노리는 참매였다.

"달꿈아! 일어나 봐. 하늘에서 무언가가 빙빙 돌며 우리를 공격하려고 해. 그리고 어둠 속에서 노란색 눈이 우리를 노려보고 있어. 이건 분명히 참매야, 참매."

놀부의 말을 들은 달꿈이는 심각한 상황임을 깨닫고 제비들을 깨우기 시작했다.

"어서 일어나세요. 참매가 오고 있어요."

처음에 제비들은 놀부와 달꿈이의 말을 믿지 않는 눈치였다.

"일단 피하는 게 어떨까요? 여기는 놀부 아저씨와 제가 어떻게든 막아 볼게요."

어디에서 생긴 용기인지 모르겠지만 달꿈이는 참매로부터 제비들을 지켜야겠다는 마음이 생겼다.

"푸드덕!"

달꿈이는 인간의 귀로는 들을 수 없는 새로운 청력이 생긴 것만 같았다. 누가 그랬던가? 관찰은 모든 감각 기관을 이용하는 거라고. 지금은 달꿈이의 모든 감각 기관을 깨워야 했다. 다른 제비들은 아직

그 소리를 못 들은 것 같았다.

"도망치세요. 참매가 날기 시작했어요."

달꿈이의 다급한 목소리에 제비 무리는 빠른 속도로 날아갔다. 그러나 정작 달꿈이는 도망가지 않았다. 참매는 속도를 늦춘 달꿈이를 매섭게 따라왔다.

달꿈이는 다급한 목소리로 놀부에게 말했다.

"놀부 아저씨, 손거울 갖고 계신가요?"

"왜? 이 상황에서 얼굴에 뭐 묻었는지 보려고?"

"아뇨. 거울로 저 참매를 혼쭐내 주려고요. 제가 참매 가까이 갈 테니까 아저씨는 거울로 햇빛을 반사시켜요."

"무슨 말인지 알겠어."

달꿈이는 참매에게 점점 다가가 제자리 비행을 했다. 이 틈을 놓치지 않고 놀부는 참매를 향해 거울을 반사시켰다. 거울에서 반사된 빛은 참매의 시야를 막았다. 참매는 다시 공격하려고 해도 너무 강렬한 빛 때문에 눈을 뜨지 못하고 도망가기 시작했다.

"참매가 도망가요. 아저씨가 해냈어요."

"우리가 해낸 거지. 믿어 줘서 고맙다."

참매의 공격을 피한 달꿈이와 놀부는 그제야 제비 무리를 찾기 시작했다. 그러나 한번 놓친 제비 무리를 찾기란 쉽지 않았다. 달꿈이는 제비가 따뜻한 남쪽으로 날아간다는 사실을 기억했다. 달꿈이는 방향을 찾기 위해 주변을 관찰하기 시작했다. 그때 마침 멀리서 태양이 떠오르고 있었다.

"아저씨! 태양이에요. 저기 보세요. 태양이 저쪽에 있잖아요. 지금은 아침이고 태양이 뜨는 곳이 동쪽이니까 분명 저쪽이 남쪽일 거예요."

달꿈이와 놀부는 부지런히 남쪽으로 날기 시작했다.

"저기 좀 보세요. 검게 보이는 거 보이시죠? 우리와 함께했던 제비 떼들인 것 같아요."

대장 제비 케이가 반갑게 달꿈이와 놀부를 맞이했다.

"놀부 님과 달꿈이 덕분에 우리가 목숨을 건질 수 있었습니다. 정말 고맙습니다."

충분한 휴식을 취한 제비 무리는 또다시 힘든 여정을 시작했다. 제비에게 추위는 큰 적이다. 그래서 힘들지만 제비들은 최대한 남쪽으로 긴 여행을 떠나야만 했다.

바다를 건너자 넓은 초원이 나왔다. 분명 절기상 겨울이 시작되었는데 신기하게도 이곳은 더운 바람이 불었다. 계속해서 날아가자, 이번에는 많은 사람이 모여 있는 해수욕장이 나타났다. 수영을 즐기는 사람 중에는 산타 복장을 한 사람도 있었다. 궁금한 걸 못 참는 달꿈이가 케이에게 물었다.

"대장님! 한여름에 산타라뇨? 크리스마스는 겨울 아닌가요? 혹시 우리가 너무 날아서 지구 밖을 벗어나 다른 별에 온 건가요?"

"여기는 호주라는 나라란다. 호주는 지구의 남반구에 있는 나라로 북반구와 계절이 정반대란다. 북반구에 있는 우리나라가 겨울이니까 호주는 여름이겠지?"

케이의 말을 듣고 달꿈이는 생각했다.

'같은 지구인데도 이렇게 계절이 다를 수 있다니, 신기한데?'

호주에 머문 지 한 달이 지났다. 놀부는 슬슬 걱정이 되기 시작했다. 죽을 때까지 이렇게 엄지 손가락 만큼이나 작은 놀부로 산다는 건 생각만 해도 끔찍한 일이었다. 케이의 말에 의하면 제비가 늘 머물던 섬에 가면 놀부가 원래 크기로 돌아갈 수 있는 방법을 찾을 수 있다고 했다.

일주일 후 제비 무리는 섬에 무사히 도착했다. 그런데 놀부는 우연히 제비 무리 중 몇 마리가 해안가 절벽에 있는 동굴로 들어가는 것을 보고 이를 이상히 여겨 달꿈이와 함께 들어가 보았다. 동굴 안에

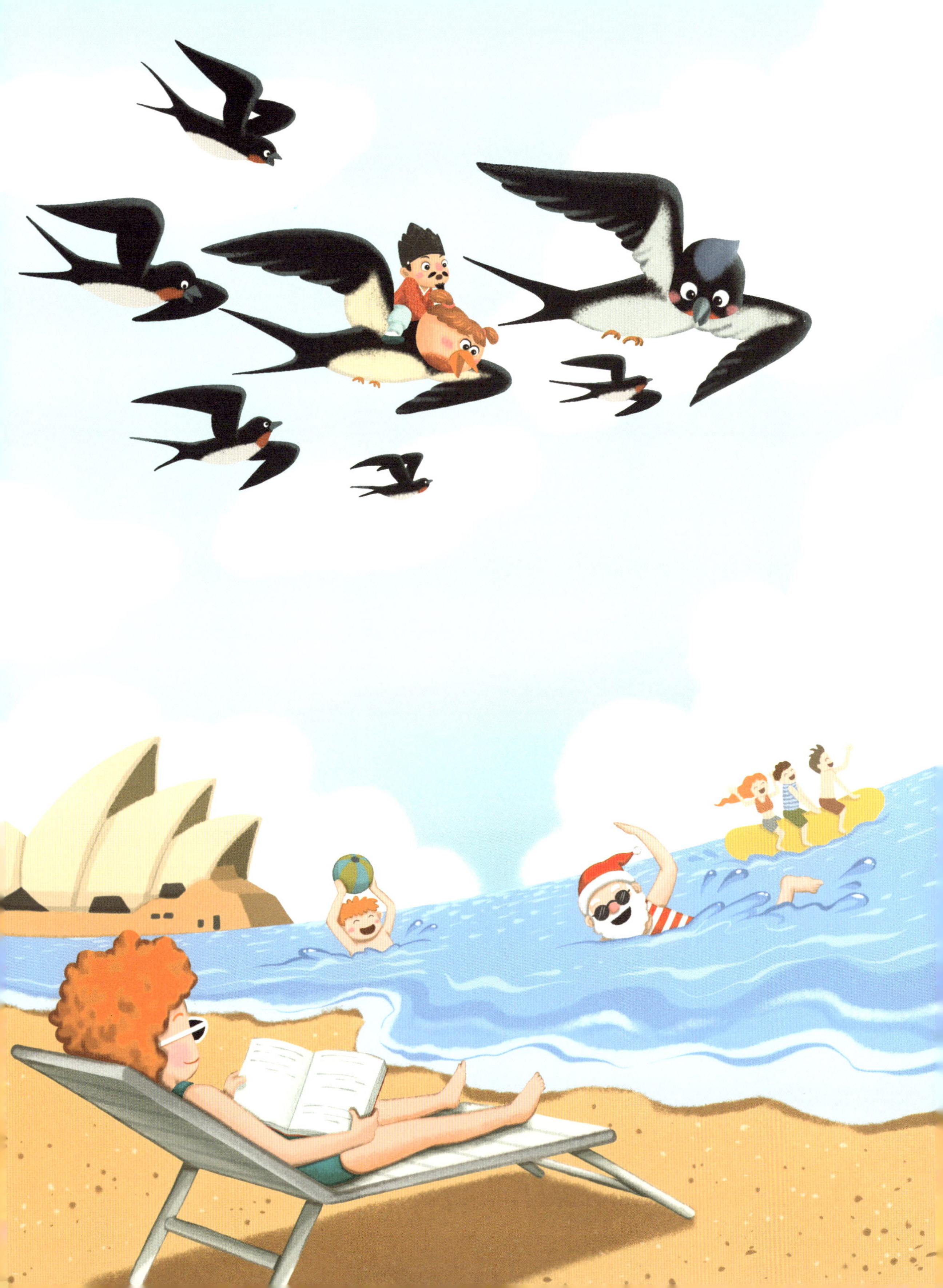

서 제비의 여왕이 어떤 제비의 입에 박씨를 물려 주고 있었다.

놀부는 제비의 여왕이 제비에게 하는 말을 엿들었다.

"이 박씨를 놀부에게 전해 주어라. 놀부는 지난번에 받은 박씨로 혼쭐이 났을 것이다. 그러나 이번에 놀부가 제비들에게 보인 용기와 배려를 보니 많이 반성하는 듯하구나. 놀부가 이 박씨를 심으면 원래대로 돌아올 것이다."

놀부는 조용히 감동의 눈물을 흘렸다.

"이제 고향으로 출발한다."

케이는 제비 무리에게 출발 신호를 보냈다.

두어 달 후, 제비들은 다시 돌아왔다. 겨울이 가고 따뜻한 봄이 찾아오니, 보랏빛 제비꽃도 활짝 피었다.

한편 박씨를 문 제비는 놀부에게 박씨를 건네며 말했다.

"이 박씨를 심어 보세요. 그럼 다시 원래 모습으로 돌아올 수 있을 거예요."

놀부는 제비에게 박씨를 받아 집 앞마당에 심었다. 박씨를 심자 펑 소리가 나더니 놀부의 몸이 점점 커지기 시작했다.

"아이고, 영감. 어디 갔다 이제 오시오? 세상에나, 난 영감이 죽은 줄만 알았소."

놀부 아내가 반색하며 놀부를 반겨 주었다.

"허허허, 부인 그동안 잘 지냈소? 그동안 내가 인생을 잘못 살았던 것 같소. 먼저 내 아우 흥부에게 다녀오리다."

흥부는 놀부가 돌아왔다는 소식을 듣고 버선발로 뛰쳐나와 놀부를 맞이했다.

"형님, 몸은 좀 괜찮으십니까?"

"괜찮다마다. 그동안 내 생각이 짧았다. 너에게 지은 죄가 많구나. 미안하다. 못난 형을 용서해 다오."

달꿈이는 흥부와 놀부가 얼싸안는 모습을 흐뭇하게 바라보았다.

'이제 집으로 돌아가 볼까?'

달꿈이는 박수를 두 번 쳤다.

그것이 궁금해

관찰이 뭘까?

관찰은 모든 감각 기관 또는 감각을 확장하는 도구를 활용해 사물에 대한 정보와 자료를 얻는 과정입니다. 관찰은 다른 탐구 과정의 기초가 될 만큼 중요한 역량입니다. 이야기에서 달꿈이가 방향을 찾아 가는 과정을 살펴볼게요. 달꿈이는 남쪽을 찾기 위해 해가 뜨는 곳을 관찰하여 동쪽을 찾아냈습니다. 또한 참매의 움직임을 알아내기 위해 청각을 사용하여 제비 무리로부터 참매의 공격을 막아 낼 수 있었답니다. 이와 같이 관찰은 시각, 청각 등 감각 기관을 사용한답니다.

선생님과 과학 읽기

지구의 자전과 공전

지구의 자전이란 지구가 하루에 한 바퀴씩 스스로 회전하는 운동을 말합니다. 지구의 자전으로 낮과 밤이 생기지요. 반면 지구의 공전이란 태양을 중심으로 일 년에 한 바퀴씩 회전하는 운동을 말합니다. 계절의 변화가 생기는 원인은 지구의 자전축이 기울어진 채 공전하기 때문입니다. 만약 지구의 자전축이 기울어지지 않았다면 어떻게 될까요?

우리나라의 계절 변화는 없어지고, 일정한 기온을 유지하게 될 거예요. 이렇게 되면 식물의 성장과 동물의 생태계에도 큰 영향을 미치겠죠? 해류와 기후 패턴에도 변화가 생겨 해류와 바람의 방향을 예측할 수 없게 될 거예요.

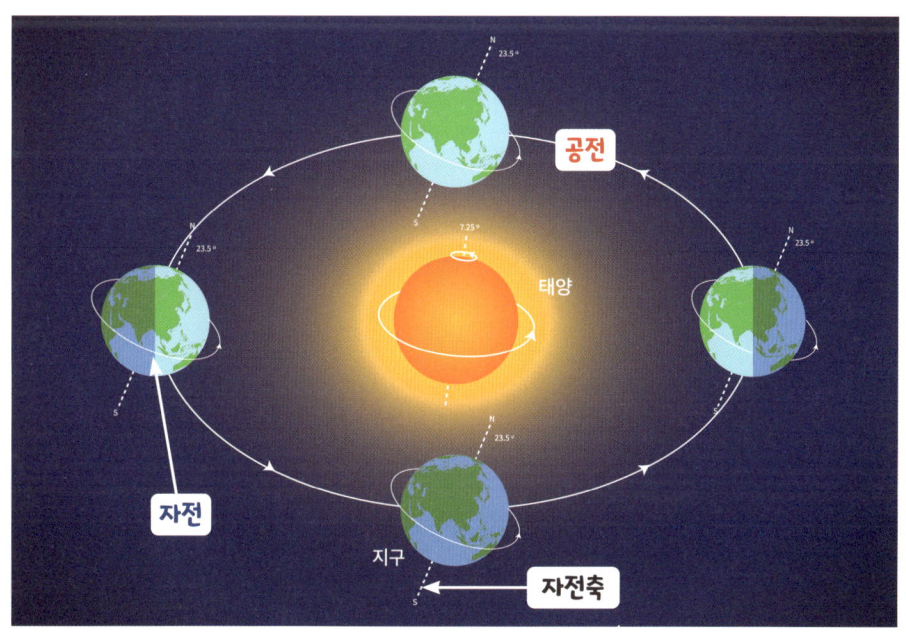

더 알아볼까?

동쪽은 어느 쪽?

나뭇가지를 땅에 수직으로 꽂은 다음 나뭇가지 그림자의 끝부분에 돌멩이를 놓습니다. 15분 후에 그림자의 끝부분에 또 다른 돌멩이를 놓습니다. 두 돌멩이를 연결하는 선을 긋습니다. 이때 첫 번째 돌멩이는 서쪽을 나타내고 두 번째 돌멩이는 동쪽을 나타냅니다. 해가 동쪽에서 떠서 서쪽으로 지는 반면, 그림자는 서쪽에서 동쪽으로 이동하는 것이지요.

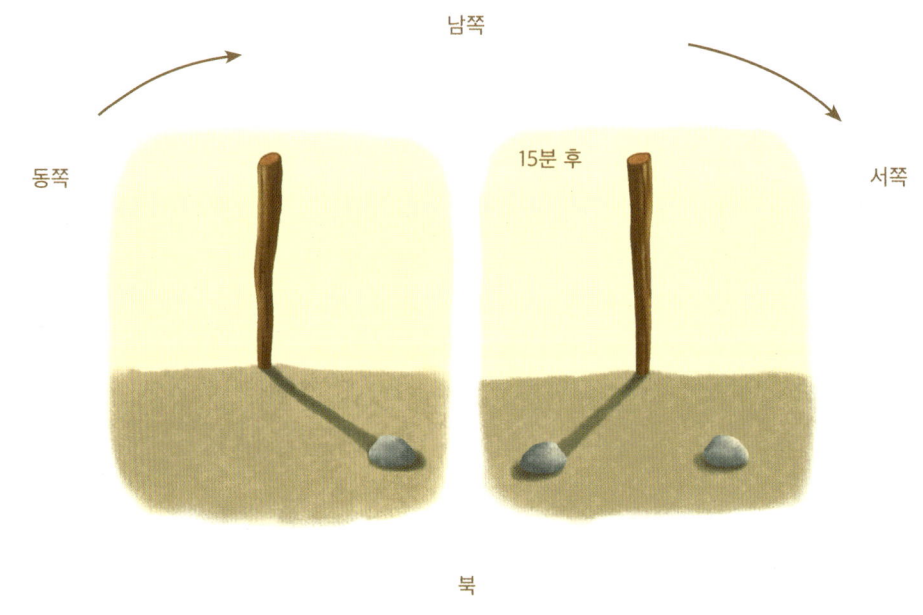

관찰자 시점

　옷장을 지나 달꿈이가 도착한 곳은 거대한 신전 앞이었다. 커다란 입구를 지나자 굵고 긴 기둥들이 대리석 지붕을 받치고 있었다. 주변에는 신들의 모습을 본 뜬 아름다운 조각들이 줄지어 있었다.

　"달꿈아! 달꿈아!"

　주변을 구경하던 달꿈이의 머리 위에서 천둥과 같은 목소리가 들렸다. 목소리의 주인공은 그리스 신들의 왕 제우스였다. 번쩍이는 번개를 손에 든 제우스의 모습은 역시나 신들의 왕답게 위엄이 가득했다.

　"네, 제우스 님."

　"달꿈이 너는 이것을 프로메테우스와 에피메테우스 두 형제에게 전달하도록 해라."

　제우스는 커다란 두루마리 하나를 건네어 주었다. 달꿈이가 받은 문서에는 다음과 같이 적혀 있었다.

티탄 족과의 전쟁이 드디어 우리의 승리로 끝났소. 이제 남은 일은 이 지구를 잘 보살피고 다스리는 일이오. 그대들은 이 지구에 생태계를 만드시오. 두 형제의 능력을 발휘하여 다양한 동물이 가득하고 아름다운 세상을 만들어 주길 바라오. 심부름을 보낸 달꿈이는 헤파이스토스의 제자요. 그대들의 일을 도울 것이오.

프로메테우스와 에피메테우스 형제는 제우스의 형제와 거인족(티탄 족)의 전쟁에서 제우스의 편을 들었던 거인족 형제였다. 프로메테우스는 뛰어난 예지력으로 미래를 내다볼 수 있었고 제우스의 승리를 알고 있었기 때문에 제우스의 편에서 전쟁에 참여했다. 그래서 10년간의 전쟁이 끝나고 모든 거인족은 벌을 받게 되었지만, 제우스의 편이었던 두 형제는 살아남을 수 있었다.

두 형제는 손재주가 상당히 좋았는데 제우스의 명령을 받고 각자의 능력을 발휘하여 임무를 수행하였다. 형인 프로메테우스는 인간, 특히 남성을 만들기로 하였고, 동생 에피메테우스는 각종 동물을 창조하는 책임을 맡게 되었다. 그리고 달꿈이는 에피메테우스를 돕게 되었다. 에피메테우스는 먼저 하늘을 나는 아름다운 새들을 만들었다.

"달꿈아, 거기에 있는 깃털을 가지고 오거라."

"네!"

에피메테우스는 새들의 날개에 가벼운 깃털을 달아 주었다. 깃털은 햇빛을 받아 반짝였고, 새들의 아름다운 노랫소리는 숲속을 가득 채웠다. 그리고 알을 낳은 뒤에는 새끼를 키우면서도 하늘을 날아다닐 수 있도록 하였다.

"자, 이렇게 하면 하늘을 날아다니며 생활할 수 있겠군."

"에피메테우스 님, 깃털이 다 떨어졌어요. 어쩌죠?"

타조를 만들고 있던 에피메테우스는 난처한 표정을 지었다.

"이를 어쩌지? 깃털을 마구 사용했더니 타조에게 날개를 만들어 줄 수가 없네. 그렇다면 대신 튼튼한 두 다리를 만들어야겠군. 달꿈아, 가서 포유류의 튼튼한 다리를 가지고 오거라."

"하지만 그러면 나중에 다리가 부족해질 텐데 괜찮아요?"

"나중 일은 나중에 생각하자. 내가 괜히 에피메테우스가 아니다. 하하하!"

에피메테우스는 '나중에 생각하는 자'라는 뜻이다. 달꿈이는 이렇게 말하는 에피메테우스가 조금 불안했지만 일단 시키는 대로 했다.

새들을 다 만들고 난 에피메테우스는 젖을 먹이는 동물들을 만들었다. 이들에게는 따뜻한 가슴과 튼튼한 다리를 주었다. 그들은 알이 아니라 새끼를 낳아 어느 정도 자랄 때까지 젖을 먹이게 하였다.

"자, 하늘과 땅은 되었고, 강과 바다에 살 동물들을 만들어야겠구나."

에피메테우스는 물속에 사는 물고기들을 만들었다.

"물속에서는 팔과 다리보다는 헤엄치기 좋게 지느러미를 달아 주어야겠군."

"그럴 줄 알고 미리 가지고 왔지요."

"하하, 역시 헤파이스토스의 제자답게 일을 잘하는구나."

에피메테우스는 물고기에게는 물속에서도 숨을 쉴 수 있도록 아가미를 달아 주었다. 마지막으로 작은 비늘을 엮어 몸을 덮어 주자 강과 바닷속을 자유롭게 헤엄칠 수 있었다.

다른 곳에서는 프로메테우스가 진흙을 빚어 인간의 형상을 만들고 신비한 힘을 불어 넣어 인간에게 생명을 주었다. 프로메테우스의 정성으로 인간은 다른 동물보다 더 많이 생각하고, 창조하고, 발전할 수 있는 특별한 힘을 가지게 되었다.

한편, 동물 만들기가 거의 끝나 갈 때쯤 에피메테우스에게 한 가지 고민이 생겼다. 계획 없이 마구 재료를 사용한 탓에 각 동물의 재료들이 뒤죽박죽 남았던 것이다.

"흠, 남은 재료들을 어떻게 한다? 달꿈아, 남은 재료를 다 가지고 와 보거라."

"에피메테우스 님, 여기 남은 재료들이요. 저는 프로메테우스 님이 부르셔서 다녀올게요."

에피메테우스는 남은 재료를 한데 모아 하나의 생명체, 곧 동물을 만들었다. 그러나 완성된 동물을 보니 어떤 동물에도 속하지 않고 이상하게 생긴 모습에 크게 당황하였다.

"이 동물은 아름답지도 않고, 하늘, 바다, 땅 어디에도 어울리지 않아. 이를 어찌한다? 형이 알면 분명히 크게 나무랄 텐데?"

에피메테우스는 실패작이라고 생각하고 고민 끝에 이 동물을 사람들이 거의 살지 않는 외딴섬에 몰래 버려두었다.

잠시 후 프로메테우스에게 다녀온 달꿈이가 물었다.

"어? 에피메테우스 님, 다 만드셨어요? 그런데 만드신 동물은 어디에 있어요?"

"그게 말이지, 생명을 불어 넣고 잠시 한눈을 판 사이에 어느새 사라져 버렸구나."

달꿈이는 당황하는 에피메테우스를 보며 말을 이었다.

"그나저나 프로메테우스 님이 부르세요. 어서 가 보세요."

에피메테우스를 만난 프로메테우스는 이제 막 인간을 다 만든 뒤였다.

"에피메테우스야, 인간들에게도 선물을 하나 주어야겠다. 남은 선물을 가져와 보거라."

"그게 형님······. 남은 게 이 독침밖에 없는데 어쩌죠?"

"아니, 튼튼한 가죽이나 날개, 발톱은 다 어쩌고 이 쓸모없는 것만 남은 거야?"

달꿈이가 에피메테우스에게 말했다.

"그러게 제가 미리 계획을 세운 다음 나누어 주자고 했잖아요!"

에피메테우스는 아무 말도 하지 못했다.

"어쩔 수 없지. 인간들에게는 내가 선물을 하나 따로 구해 줘야겠다. 이제 온 세상을 돌아다니며 생태계가 잘 만들어졌는지 확인해 보자."

프로메테우스는 세상을 돌아다니던 중 외딴섬에서 에피메테우스가 만든 이상한 동물을 발견하게 되었다.

프로메테우스는 에피메테우스를 보며 말했다.

"아니, 이 동물은 뭐지? 도대체 왜 이렇게 만든 것이냐!"

프로메테우스의 호통에 에피메테우스는 얼굴이 빨갛게 변했다.

"오리의 부리와 물갈퀴, 곰의 발가락, 수달의 몸과 비버의 꼬리로 만들었어요. 만들다 보니 재료가 부족해서 새끼는 낳지 못하고 알을 낳는 동물이 되어 버렸어요."

"이런 실패작을 세상에 놔둘 수는 없다. 당장 없애 버리는 것이 좋겠어."

그때 달꿈이가 프로메테우스를 막아섰다.

"잠깐만요. 모든 생명은 소중하잖아요. 이 동물도 마찬가지예요. 없애지 말아 주세요."

"에피메테우스, 도대체 이 동물의 이름이 뭐지?"

에피메테우스가 형의 눈치를 보며 말했다.

"그게, 사실은 이름도 정하지 못했어요. 죄송해요, 형님."

"도대체 이 동물을 어디에 분류하라는 거냐? 게다가 이름도 없고. 어디에도 속하지 않고 하늘에도, 땅에도, 물에도 어울리지 않아. 오

리 부리를 달고 있지만 조류도 아니고 포유류처럼 젖을 먹이지만 알을 낳는다니! 이건 에피메테우스의 어리석은 실수일 뿐이야."

달꿈이는 다시 프로메테우스를 설득하기 시작했다.

"이름은 지어 주면 되잖아요."

"하지만 이 동물은 새의 부리를 가졌지만 아름다운 깃털도 없고, 물갈퀴를 가졌지만 반짝이는 비늘도 아가미도 없어. 이 동물은 조류, 포유류, 어류 그 어떤 동물과도 닮지 않았어."

"모든 생명은 자기의 역할과 의미를 가지고 태어나요. 우리가 그 가치를 모른다고 쓸모없는 것이 아니에요."

"맞아요. 형님, 이 동물은 제 창조물이에요. 비록 실수로 만들었지만, 이제라도 제가 만든 것에 책임을 지고 싶어요."

에피메테우스도 프로메테우스를 설득했다. 프로메테우스는 깊은 생각에 빠졌다. 항상 실수가 많은 에피메테우스와는 다르게 프로메테우스는 미래를 보는 예지력으로 늘 완벽함을 추구했었다. 하지만 달꿈이와 에피메테우스의 설득에 결국 마음을 바꾸었다.

"알겠다. 우선 이름부터 지어 주어야 하겠구나. 뭐가 좋을까?"

"오리의 부리를 가지고 있으니까 오리너구리라고 부르면 어때요?"

"그것 참 재미있는 이름이군. 형님, 저는 좋습니다."

달꿈이의 말에 에피메테우스가 찬성했다.

"알겠다. 앞으로 이 동물을 오리너구리라고 부르도록 하자. 에피메테우스, 이 동물이 자연 속에서 살아남기 위해 잘 도와주거라."

에피메테우스는 마지막으로 남아 있던 독침을 수컷 오리너구리의 다리에 달아 주었다.

"처음 만들 때부터 달지 않았기 때문에 어릴 때는 독침이 없다가 성체가 되면 독침이 생기게 되었구나."

"괜찮아요. 어릴 때는 부모가 돌봐 주니까요. 나중에 어른이 되어서 천적으로부터 자신을 지킬 수 있다는 것을 알게 되면 더 기뻐할지도 몰라요."

오리너구리는 시간이 흘러 자신만의 독특한 모습을 유지하며 자연 속에서 살아갔다. 넓적한 꼬리와 물갈퀴로 물속에서도 능숙하게 헤엄치고, 튼튼한 다리로 땅 위에서도 자유롭게 움직였다. 오리너구리는 어떤 동물에도 속하지 않았지만, 존재만으로도 자기 역할을 다하고 있었다. 그 누구도 오리너구리를 신의 실패작이라고 생각하지 않았다.

그날 이후로도 여전히 에피메테우스는 실수를 많이 했지만 더 이상 실수를 숨기려 하지 않았다. 그리고 자신의 실수에 대해 반성하는 태도와 모든 생명을 소중히 여기는 마음도 가지게 되었다.

달꿈이는 미소를 지으며 말했다.

"오리너구리는 그 자체로 오리너구리야. 그 존재 자체가 소중해. 우리가 이해하지 못하는 생명이라도 분명히 그 나름의 이유가 있는 거니까. 자, 이제 돌아가 볼까?"

달꿈이는 기분 좋게 박수를 두 번 쳤다.

그것이 궁금해

분류의 기준이 뭘까?

　분류란 탐구 대상을 관찰하여 공통점과 차이점을 알아내고 그것을 바탕으로 무리 짓는 것을 말합니다. 분류를 하기 위해서는 먼저 관찰을 통해 대상들의 특징을 찾아야 합니다. 그리고 그 관찰 결과를 바탕으로 기준을 정해 대상을 나누어 볼 수 있습니다. 분류를 잘하기 위해서는 관찰할 때 관찰 결과를 꼼꼼하게 기록하는 것이 좋습니다. 여러 대상을 관찰하다 보면 내가 이전에 관찰한 것을 잊을 수 있기 때문입니다. 또 분류할 때에는 누가 하더라도 같은 결과가 나올 수 있는 기준을 세워야 합니다. 예를 들어 "키가 큰가?", "귀여운가?"라는 기준은 분류하는 사람마다 결과가 달라질 수 있으므로 과학적인 분류 기준이 아닙니다. "날개가 있는가?", "꼬리가 있는가?"와 같이 "네", "아니오"로 나뉠 수 있는 기준이 좋습니다.

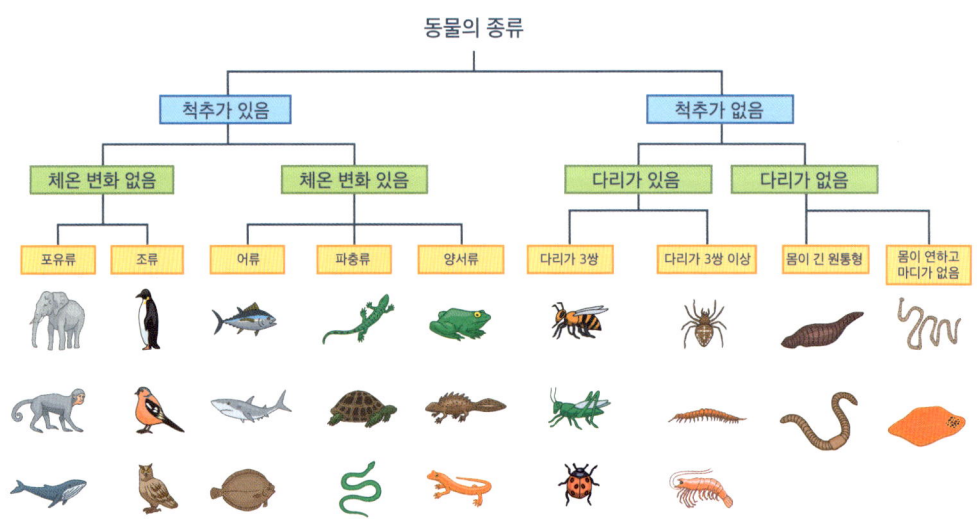

선생님과 과학 읽기

오리너구리는 어디에 속할까?

오리너구리는 오스트레일리아 대륙과 태즈메이니아에 서식하는 포유류 동물입니다. 오리너구리는 특이한 외모와 특징으로 유명합니다. 부리는 오리를 닮았고 몸은 수달처럼 유선형이며 짧은 털로 덮여 있습니다. 편평한 꼬리는 비버를 닮았지요. 그리고 발에는 물갈퀴가 있어 헤엄을 잘 칩니다.

보통 포유류는 새끼를 낳고 젖을 먹여 키우는데 오리너구리는 알을 낳고 알에서 깨어난 새끼에게 젖을 먹입니다. 처음 오리너구리의 표본을 본 과학자들은 여러 동물의 부위를 뒤섞어 만든 가짜 동물 표본이라고 의심했다고 합니다. 하지만 실제로 살아 있는 오리너구리를 본 뒤에는 오리너구리를 어떻게 분류할 것인지 오랜 기간 고민했다고 합니다. 현재 오리너구리는 오리너구리과로 분류되고 있습니다.

더 알아볼까?

기준에 따른 동물 분류

보기의 동물을 대상으로 아래 표의 질문에 답을 하며 분류해 봅시다.

보기

체온을 일정하게 조절할 수 있나요?				
예		아니오		
새끼를 낳아 젖을 먹여 기르나요?		온몸이 비늘로 덮여 있고 폐로 호흡하나요?	어릴 때는 아가미, 커서는 폐와 피부로 호흡하나요?	물속에서 살며 아가미로 호흡하나요?
예	아니오	파충류	양서류	어류
포유류	조류			

표정답 : 뱀 – 파충류 / 개구리 – 양서류 / 코끼리 – 포유류 / 상어 – 어류 / 부엉이 – 조류

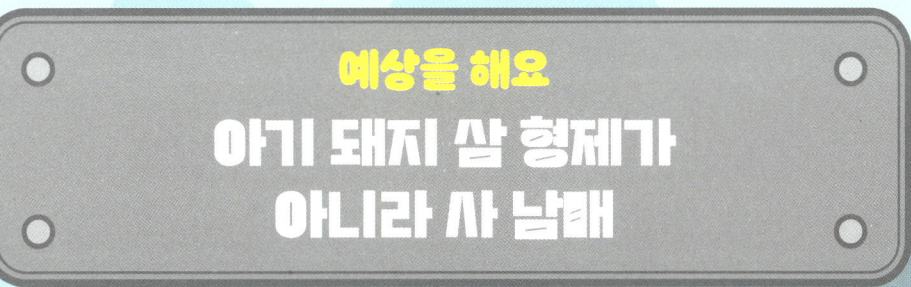

예상을 해요
아기 돼지 삼 형제가 아니라 사 남매

"야! 빨리 일어나, 꿀순아. 늑대가 오고 있대."

달꿈이는 다급한 소리에 눈을 떴다. 달꿈이의 주위로 돼지 두 마리가 서 있었다. 옷장 속에 들어왔다가 깜빡 잠이 들었는데, 어느새 동화 속에 들어온 모양이었다.

"이제야 눈을 뜨는군. 꿀순아, 지금 한가하게 낮잠을 잘 때가 아니라는 말씀."

모자를 쓴 첫째 돼지가 말했다.

"뭐, 이번엔 내가 돼지라고? 여긴 혹시? 아기 돼지 삼 형제?"

"아니야. 아기 돼지 사 남매야. 넌 우리 막내 꿀순이라고. 이제 잠 좀 깨자."

안경을 만지작거리고 코를 벌렁거리며 둘째 돼지가 말했다.

"아! 쟤 깨우지 말라니까? 이 집은 형들 집이랑 달라. 절대 무너질 리 없다고."

귀에 연필을 낀 셋째 돼지가 말했다.

"야! 너 잘난 체하지 마. 우리가 지은 집도 그렇게 쉽게 무너질 줄 몰랐어."

달꿈이는 이제 겨우 이해할 수 있었다. 첫째 돼지와 둘째 돼지의 집이 늑대의 공격으로 부서지면서 모두 셋째 돼지 집으로 도망친 것이었다.

"오빠들, 어떤 일이 있었는지 자세히 이야기해 보세요."

"그래. 내 집은 지푸라기를 꼼꼼하게 줄로 엮어서 만들었어. 태풍에도 버텼지."

"그렇다면 늑대의 입바람이 첫째 오빠 집을 무너뜨리지 못했을 텐데요."

"그래, 나도 그 녀석이 바람을 불 줄 알았어. 그런데 이번에는 내 지

푸라기 집에 불을 질렀어."

첫째 돼지는 눈물을 흘리며, 불에 그을린 흔적이 남은 등을 보여 주었다.

"둘째 오빠에게는 어떤 일이 있었나요?"

"난 큰형 집이 불타는 것을 봤어. 내 집은 나무로 지었잖아. 늑대가 오기 전에 나무에 물을 뿌려 놓았지. 헤헤!"

"그런데 왜 도망쳤나요?"

"그 녀석이 발로 뻥 차니 내 집이 와르르 무너지는 게 아니겠어. 내 나무집은 못으로 촘촘하게 지은 집이라 절대 쉽게 부서질 리 없거든. 도대체 어떻게 무너뜨린 건지 모르겠어."

달꿈이는 둘째 돼지의 말을 듣고 골똘히 생각에 잠겼다. 그러다가 둘째 돼지가 들고 있는 나무 손잡이를 보았다.

"오빠 손에 있는 건 뭐예요?"

"응. 이건 그때 가지고 온 우리 집 대문 문고리야."

"잠깐 볼 수 있을까요? 아, 앗!"

달꿈이는 큰 소리를 지르며 문고리를 떨어뜨렸다. 문고리에는 구멍이 숭숭 나 있었고 그 구멍 사이에는 흰개미가 가득했다.

"오빠들, 늑대는 그렇게 단순한 상대가 아닌 것 같아요."

"그게 무슨 말이야?"

"과정을 관찰하고, 결과를 예상하는 똑똑한 늑대인 것 같아요."

"푸하하하하! 뭐라고? 그럴 리 없어. 늑대는 덩치만 믿고 까부는 녀석이야."

첫째 돼지와 둘째 돼지가 손사래를 치며 말했다.

"아니에요. 첫째 오빠 집은 지푸라기가 불에 잘 탄다고 예상을 해서 공격을 했어요. 둘째 오빠 집은 흰개미가 나무를 갉아먹는다는 것을 예상해서 공격을 했고요."

순간 첫째 돼지와 둘째 돼지는 얼굴이 하얘지고, 아무 말도 하지 못했다.

"그럼 이 집은 늑대가 어떻게 공격해 올 것으로 예상하니?"

지금까지 완전히 안심하고 있던 셋째 돼지가 몸을 돌려 물었다.

"자! 어디 한번 보자."

달꿈이는 집 구석구석을 돌며 만져 보고 살펴보았다. 솜씨 좋은 셋째 돼지가 지은 집답게 돌과 끈적한 진흙으로 튼튼하게 지은 집이었다.

"막내 오빠, 찾았어요. 이 집의 약점!"

"뭐라고? 이 집에도 약점이 있다고?"

셋째 돼지가 당황하자 첫째 돼지와 둘째 돼지의 얼굴이 하얗게 질렸다. 똑똑한 셋째 돼지만큼은 늑대한테 당하지 않을 것이라고 철썩같이 믿었기 때문이다.

"막내 오빠의 집은……."

달꿈이의 말이 입 밖에 다 나오기 전에 밖에서 땅을 뒤흔드는 우렁찬 소리가 들렸다.

"아! 아! 거기 아기 돼지 사 남매 다 있는 것 맞냐? 오늘 나는 완전 배가 부를 것으로 예상한다."

첫째 돼지와 둘째 돼지는 서로 꼭 껴안고 셋째 돼지를 쳐다보았다.

"야! 너 정말 자신 있는 것 맞지?"

"걱정 마, 형들. 늑대, 너는 여기에 절대 못 들어와."

"과연 그럴까? 크크크, 이걸 보고도 그런 소리가 나오냐?"

늑대는 리어카에 물을 뿜을 수 있는 소방용 물 펌프를 싣고 왔다. 늑대는 손 펌프질을 해서 물을 집 방향으로 쏘기 시작했다.

"쏴아아아아!"

"오빠들, 내가 말하려고 했던 게 이거예요. 막내 오빠 집은……."

"맞아. 우리 집은 물에 약하지. 진흙은 물에 쉽게 씻겨 내려가니까."

돼지 형제들은 서로를 끌어안고 벌벌 떨기 시작했다. 물을 뿌리고

얼마 시간이 지나지 않아 돌 사이를 메운 진흙이 녹기 시작했다. 그 사이로 손톱이 날카로운 늑대의 큰 손이 들어왔다.

"꺄악!"

달꿈이도 처음 보는 늑대의 큰 손을 보고 큰 소리를 질렀다. 셋째 돼지는 고개를 흔들며 정신을 차리려 노력했다. 그러고는 이런 상황을 대비해서 만들어 놓은 작은 비상문을 손가락으로 가리켰다.

비상문을 열고 아기 돼지 사 남매는 엉금엉금 기어 나갔다. 얼마 후, 늑대는 손으로 진흙 벽을 부수고 들어왔지만 이미 아기 돼지 사 남매가 사라진 뒤였다.

"아니! 이 녀석들, 또 어디로 도망간 거지? 다음에는 절대 놓치지 않겠다."

늑대는 침을 손으로 닦으며 입맛을 다셨다.

"헉헉헉!"

아기 돼지 사 남매는 얼마나 뛰었던지 숨이 다 넘어갈 지경이었다. 아기 돼지 사 남매는 위기 상황이 되면 숨기로 한 비밀 동굴로 들어갔다.

"저 늑대 녀석이 우리를 포기할 리 없어. 우리 그냥 엄마 집으로 도망가자."

첫째 돼지가 작은 목소리로 말했다.

"오빠들, 우리 다시 튼튼한 집을 지어 보는 건 어때요?"

"너 지금 우리가 이렇게 당하는 것 보고도 그러니?"

"꿀순아, 우리 엄마 집은 세계 최고로 튼튼하다고."

"꿀순아, 형들 말이 맞아. 지푸라기, 나무, 진흙, 돌 같은 것들로 지은 집으로 늑대를 상대하는 건 무리야. 우리가 더 할 수 있는 게 없는 것 같다. 꿀순아, 미안하다."

셋째 돼지의 눈에 눈물이 핑 돌았다. 그때 달꿈이 머릿속에 아이디어가 번뜩 떠올랐다.

"다시 말해 봐요. 우리에게 무엇이 있다고요?"

"지푸라기, 나무, 진흙, 돌. 왜? 이건 우리 모두 집으로 지어 본 것들이잖아."

셋째 돼지가 묻자 달꿈이가 씩 미소를 지어 보였다.

"아직 모르겠어요? 불에 타지도 않고, 흰개미가 갉아먹지도 못하고, 물에도 강한 것은?"

첫째 돼지와 둘째 돼지가 하늘을 쳐다보고 딴청을 피울 때, 셋째 돼지의 눈에서 반짝 빛이 났다.

"혹시 그것들을 다 섞어서 만들어 보자는 거야?"

"나 참! 또 무슨 이야기라고? 둘째야, 짐 싸라. 우리 동생들이 꿈꾸는 소리 하고 있다."

"오빠들, 정말 모르겠어? 일단 진흙을 만들고……."

"진흙은 물에 약하잖아."

"그래. 진흙은 물에 약하지만 구우면…… 불로 구우면 무엇이 되냐고요?"

이제야 알았다는 듯 첫째 돼지와 둘째 돼지는 한목소리로 말했다.

"벽돌!"

"자! 좋은 아이디어는 꿀순이가 주었고, 벽돌 만드는 가마 설계도가 여기 어딘가에 있을 거야. 어디 보자. 앗! 찾았다."

셋째 돼지의 설계도대로 첫째 돼지는 지푸라기와 진흙을 주워 왔고, 둘째 돼지는 톱으로 나무를 썰어 붙여서 벽돌 모양의 나무 벽돌 틀을 만들었다. 달꿈이와 셋째 돼지는 벽돌 틀 안에 지푸라기와 진흙을 비벼 섞어 넣고 진흙 벽돌을 찍어 냈다. 셋째 돼지는 진흙 벽돌을 굴뚝 모양으로 쌓은 후 그 안에 나무를 넣고 불을 붙여 벽돌을 굽기 시작했다. 다 구워지면 새로운 진흙 벽돌을 넣어 또 구웠다.

얼마간의 시간이 지나자 꽤 많은 양의 벽돌이 만들어졌다. 만든 벽돌을 이용해 밤낮을 가리지 않고 아기 돼지 사 남매는 힘을 합쳐 근

사한 2층 벽돌집을 지었다. 2층은 늑대를 감시하는 감시탑의 역할도 했다.

"벽돌집은 늑대의 물 펌프에 녹지 않을 거라 예상이 돼. 다 형들과 꿀순이 덕분이야."

"무슨 말이야? 꿀순이와 네 덕이야. 이 큰형이 정말 부끄럽다."

첫째 돼지와 셋째 돼지가 손을 잡으려고 하는데, 또 한 번 하늘이 쩌렁쩌렁 울리는 늑대의 목소리가 들려왔다. 늑대는 이번에도 소방용 펌프를 가지고 왔다.

"하하! 이번에도 진흙 집이냐? 모양이 특이하긴 하네. 그래도 물에 녹을 것으로 예상되는걸."

늑대는 말이 끝나기 무섭게 손 펌프를 이용해 새로 지어진 아기 돼지 사 남매의 벽돌집에 물을 뿌렸다. 그런데 그렇게 물을 계속 뿌려 대는데도 벽돌은 물에 녹지 않았다.

"아니! 이게 어떻게 된 거지? 진흙이 물에 녹지 않다니?"

"계속 뿌려 보시지. 이 집은 그렇게 쉽게 네 마음대로 안 될걸."

둘째 돼지가 늑대를 놀리면서 말했다.

"녹지 않으면 힘으로 부수면 될 것 아냐!"

잠시 후 늑대는 자기 몸 만한 쇠망치를 낑낑거리며 땅바닥에 질질

끌고 왔다. 아기 돼지 사 남매는 2층 옥상에서 이 모든 걸 다 지켜보고 있었다.

"늑대 아저씨, 그냥 가시는 게 좋을 거예요. 안 그러면 크게 다치실 것으로 예상이 돼요."

달꿈이가 말하자 늑대가 씩 웃으며 쇠망치를 번쩍 들었다.

퍽.

늑대의 머리 위로 벽돌 하나가 떨어졌다. 곧 늑대의 머리 위에는 늑대의 머리만큼 큰 혹이 솟아오르기 시작했다.

"아아악! 늑대 살려."

늑대는 목구멍 깊은 곳에서 끓어오르는 괴성을 지르며, 꽁지가 빠지게 도망쳤다.

"우리가 이겼다. 야호!"

"오빠들 앞으로도 서로 사이좋게 잘 지내세요. 전 이만."

달꿈이는 박수를 두 번 치고 동화 속에서 빠져나왔다.

예상이 뭘까?

예상이란 관찰과 경험에 의해서 얻어진 자료를 바탕으로 아직 일어나지 않은 사건의 결과를 미리 생각해 보는 것이에요. 이번 이야기에서 달꿈이는 진흙을 구워 벽돌을 만들면, 늑대의 물 공격을 피할 것으로 예상했습니다. 불에 구워진 진흙은 보통 진흙과는 다르다는 것을 경험을 통해 알았던 것입니다. 그 덕분에 늑대의 물 공격을 멋지게 막아 낼 수 있었습니다. 우리 친구들도 예상을 연습했으면 해요.

- 두 시간 뒤 해가 어느 방향으로 움직이는지 예상하기
- 필통을 손에서 놓으면 어디 방향으로 떨어질지 예상하기
- 초파리가 사과 껍질이 있는 곳에 언제쯤 나타날지 예상하기
- 기상도를 보고 내일은 비가 올지 예상하기

과학적인 상식이 많다면 더 많은 예상을 할 수가 있습니다. 틀리면 어떻게 하냐고요? 상관없습니다. 예상이 틀리면 추리로 돌아가서 왜 틀렸는지 생각해 보면 되니까요.

선생님과 과학 읽기

진흙 벽돌이 단단한 이유

진흙 벽돌은 단단하지 않고 물에도 잘 녹지만 불과 만나면 이야기는 달라집니다. 흙과 물만으로 빚어진 덩어리는 가마 안 1,200도의 고온에서 젤리처럼 말랑말랑한 상태를 겪은 후에 식으면 매우 단단해져요. 땅속에서 뜨거운 용암에 의해 암석이 만들어지는 것과 같은 원리이지요.

아기 돼지 사 남매는 흙벽돌을 만들면서 지푸라기를 섞었어요. 지푸라기가 들어가면서 흙벽돌에는 당기는 힘이 추가로 생깁니다. 오늘날 철근 콘크리트에 철근이 들어간 것과 같은 효과가 생기지요.

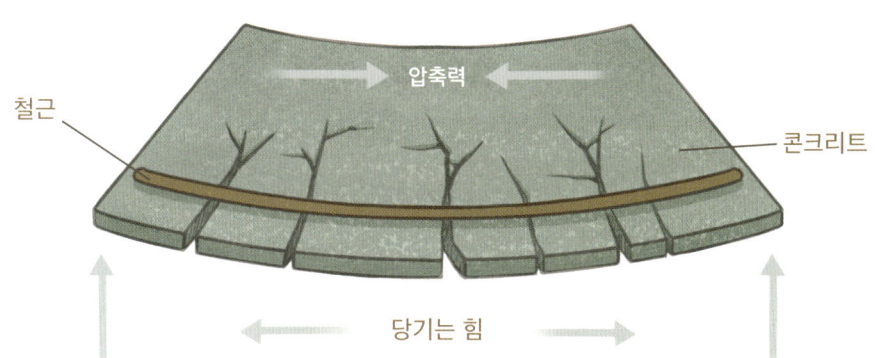

더 알아볼까?

존 플랜트의 벽돌집

수십만 년 전 원시의 기술로 여러 가지 삶의 모습을 보여 주는 유튜브 채널을 소개합니다. 구독자가 이미 1천만 명을 넘었습니다. 유튜버의 이름은 '존 플랜트'로 호주인입니다. 기술의 대부분은 책을 통해 배운 것을 본인이 직접 해 보며 방법을 찾은 것이라고 해요.

여러 에피소드 중 벽돌집을 만드는 장면이 아주 인상적인데요, 다음과 같은 방법으로 만들었어요.

1. 벽돌집을 만들기 위해 나무로 벽돌 틀을 만든다.
2. 벽돌을 찍어 내고, 벽돌을 쌓아 굴뚝 모양의 가마를 만든다.
3. 불을 피워 벽돌을 구워 낸다.
4. 구운 벽돌을 쌓아 벽돌집을 완성한다.

출처: Primitive Technology: Wood Ash Cement & Fired Brick Hut(존 플랜트의 개인 유튜브 채널)

말로는 쉽지만 영상을 보면 이 유튜버의 노력이 얼마나 대단한지 알 수 있습니다.

추리를 해요
셜록 홈스와 왕관 도난 사건

"이번엔 또 어디지?"

달꿈이가 옷장 밖으로 나가자 거대한 광장이 보였다. 광장 한가운데에는 돔 모양의 웅장한 건물이 우뚝 서 있었고 수많은 의자가 줄지어 놓여 있었다. 어떤 학교의 입학식 같았는데, 참석한 사람들은 모두 설렘과 흥분에 사로잡혀 있는 것처럼 보였다. 그때 스피커를 통해서 안내 방송이 나오기 시작했다.

"우리 대학교에 오신 여러분을 환영합니다. 신입생은 모두 의자에 앉아 입학식을 준비하길 바랍니다."

사회자의 안내에 따라 학생들이 의자에 앉기 시작했다. 달꿈이도 얼결에 의자에 앉아 입학식이 시작되기를 기다렸다.

"안녕? 난 홈스라고 해. 셜록 홈스. 만나서 반갑다."

옆자리 학생이 반갑게 인사하며 손을 내밀었다. 달꿈이는 깜짝 놀랐다.

'홈스? 그 명탐정 홈스란 말이야?'

달꿈이도 반갑게 인사를 나누었다.

"반가워. 난 달꿈이라고 해."

잠시 후 입학식이 시작되었다. 이 나라의 최고의 대학교를 입학했다는 생각에 학생들의 표정에는 자신감이 가득 차 있었다. 길었던 입학식은 신입생들의 단체 사진 촬영을 끝으로 마무리되었다.

입학식이 끝난 후 신입생들은 대학교의 상징인 왕관과 방패가 보관된 도서관을 견학하기로 되어 있었다. 왕관과 방패는 이 대학교의 오랜 역사를 상징하는 것으로 모두가 이것들을 직접 볼 수 있다는 기대감에 들떠 있었다.

"달꿈아, 왕관에 대해 알고 있어? 황금으로 된 관에 버찌만 한 루비가 5개나 박혀 있다고 하더군. 게다가 방패는 전부 은으로 만들어져 있고 다이아몬드가 50개나 사용되었대."

"와, 대단한걸? 홈스 넌 실제로 본 적 있어?"

"아니. 그걸 볼 수 있는 건 1년에 단 한 번, 그것도 신입생 입학식 때뿐이야. 그래서 다들 이렇게 기대하고 있는 거지."

달꿈이는 다이아몬드가 50개라면 도대체 얼마일까 궁금해졌다.

달꿈이와 홈스가 도서관에 막 도착했을 때, 어디선가 다급한 목소리가 들려왔다.

"큰일 났습니다. 왕관과 방패가 사라졌어요!"

학교의 상징인 왕관과 방패가 도난당한 것이었다. 그 이야기를 들은 모든 학생은 큰 충격을 받았다. 많은 학생이 왕관과 방패를 볼 수 없다는 말에 실망감을 감추지 못했다. 도난 사건은 즉시 학교 전체로 퍼져나갔다. 엄청난 사건의 범인을 찾기 위해 경찰도 출동해서 조사를 시작했지만, 사건의 미스터리는 쉽게 풀리지 않았다.

"흠, 흥미로운 사건이군. 입학식이 너무 지루했는데 아주 재미있게 되었어."

홈스가 달꿈이를 보며 말했다. 역시나 명탐정이 될 사람답게 홈스는 도난 사건에 큰 관심을 보였다.

"하지만 홈스, 이건 정말 엄청난 사건이라고. 학교의 상징이 사라졌어. 그것도 두 개 모두!"

"저기 경찰들이 보이는군. 과연 경찰들이 이 사건을 해결할 수 있을까?"

셜록 홈스는 오히려 사건이 발생한 것이 즐겁다는 듯 미소를 띠고 있었다.

"홈스, 도대체 범인은 누구일까?"

"범인을 찾으려면 일단 여러 가지 단서들을 모으는 것이 추리의 시작이겠지? 자, 나를 따라와 봐."

홈스는 주변 도서관에서 일하는 사람들을 찾아갔다. 도서관에서 경비원과 교직원 들을 만난 홈스는 중요한 단서를 얻을 수 있었다. 입학식이 끝난 후 도서관에 들어온 사람은 신입생들뿐이었다는 것이다. 또한 도서관에는 시시 티브이(CCTV)가 설치되어 있었지만, 그날 따라 도서관을 찍는 시시 티브이(CCTV)가 고장 나 아무것도 확인할 수 없었다. 이상한 것은 입학식이 끝나고 도서관을 방문한 모든 신입생이 단체 사진을 찍은 뒤 다 함께 이동했다는 것이다. 그래서 그 시간 동안 아무도 입학식 장소를 떠나지 않았다고 했다.

"이상한 일이군. 도서관에 일하는 사람들은 모두 함께 있었어. 그렇다면 모두가 범인이거나, 모두가 범인이 아니라는 말이 되겠지."

"혹시 도서관 직원 모두가 범인이 아닐까? 신입생들은 모두 함께 이동했잖아."

"아니, 그렇게 많은 사람이 모두 범인일 수는 없어. 아마도 입학생 중에서 누군가 다른 사람들 모르게 살짝 움직였을 거야."

홈스는 단체 사진을 살펴보았다. 입학생들의 이름이 적힌 종이를 들고 이름과 얼굴을 한 명씩 비교해 보았다. 입학생 명단의 숫자와 사진에 찍힌 사람 수가 똑같았다. 달꿈이는 홈스가 고민에 빠진 것을 알아차리고 조용히 옆에 앉았다. 이제 달꿈이가 나설 차례였다.

"셜록, 내가 사진을 한번 볼 수 있을까?"

달꿈이가 물었다. 홈스는 고개를 끄덕이며 사진을 건네주었다. 달꿈이는 사진을 꼼꼼히 살펴보기 시작했다. 몇 분이 지나지 않아, 달꿈이는 한 가지 이상한 점을 발견했다.

"셜록, 이 그림자를 봐. 모든 사람의 그림자가 일정한 방향과 길이를 가지고 있는데, 이 사람의 그림자만 다르지 않아?"

홈스는 달꿈이가 가리킨 부분을 주의 깊게 살펴보았다. 과연 한 사람의 그림자만 다른 방향으로 길게 늘어져 있었다. 홈스는 이 사실을 보고 순간적으로 사건의 실마리를 찾은 것처럼 보였다. 홈스는 달꿈이에게 고마운 눈빛을 보내며 말했다.

"낮 12시인데 그림자가 이렇게 길게 찍힌다는 건 이상한 일이지."

"맞아. 12시에는 해가 높이 떠서 그림자의 길이가 가장 짧아지는데 마치 이 사람은 아침이나 저녁처럼 긴 그림자를 가지고 있잖아."

"달꿈아, 네가 범인이 누구인지에 대한 단서를 찾아냈어! 이 그림자는 분명히 다른 시간에 찍은 사진을 합성한 증거야. 이 사람은 단체 사진을 찍는 도중 몰래 빠져나갔다가 돌아온 게 틀림없어."

홈스는 곧바로 이상한 그림자를 가진 학생이 누구인지 알아내기 위해 학교 기록을 조사했다. 그 학생은 '조지'라는 이름의 신입생이었다. 조지는 아주 조용하고 눈에 띠지 않는 학생이었다. 홈스는 조지가 단체 사진을 찍는 도중 몰래 빠져나가 도서관으로 가서 왕관과 방패를 훔쳤을 것이라고 확신했다. 홈스와 달꿈이는 조지를 찾아가 직접 물어보기로 했다. 조지를 찾아낸 홈스는 곧장 사건에 관해 물었다.

"조지, 네가 도서관에서 왕관과 방패를 훔쳤지?"

"무슨 소리야? 난 다 같이 사진 찍고 너희들과 함께 도서관에 갔다고. 사진 못 봤어?"

조지는 당황하며 아니라고 했지만, 홈스의 날카로운 시선에 어쩔 줄 몰라 했다.

"네 그림자의 길이와 방향이 다른 사람들과 다른 게 보이지? 단체 사진을 찍을 때 네가 도서관에 있었다는 증거야."

달꿈이도 홈스의 추리에 의견을 덧붙였다.

"신입생들이 사진을 찍은 건 낮 12시였어. 그래서 모두 그림자가 아주 짧고 코와 턱의 바로 아래에 그림자가 생겼지. 그런데 너만 그림자가 오른쪽을 향하고 있어. 우리가 사진을 찍은 곳의 오른쪽은 바로 동쪽이야. 즉 태양이 서쪽에 있었다는 이야기지. 다른 날 저녁에 사진을 찍어서 합성했다는 뜻이야!"

조지는 더 이상 자신이 범인이라는 것을 숨길 수 없었다.

"맞아, 입학식 단체 사진에 나만 없으면 의심을 받을 거라고 생각했거든. 그런데 시간에 따라서 그림자의 길이와 방향이 달라진다는 것까지는 생각을 못 했어."

조지는 결국 모든 것을 자백했다.

"나는 오래전부터 이 대학교에 관한 이야기를 들으며 자랐고, 왕관과 방패를 직접 보고 싶었어. 단지 보는 것만으로는 만족할 수 없었어. 그래서 순간적인 충동으로 훔치게 된 거야."

하지만 달꿈이에게는 한 가지 의문이 떠올랐다.

"홈스, 그런데 어떻게 조지가 사진을 합성할 수 있었을까?"

"그건 바로 범인이 두 명이기 때문이야. 너의 이름은 조지 브라운, 그리고 사진을 찍었던 사진사의 이름은 매튜 브라운, 바로 너의 형이지. 너는 너의 형이 입학식에서 사진을 찍는다는 말을 듣고 왕관과 방패를 훔칠 계획을 세웠던 거야. 맞지?"

"아, 그래서 사진사가 신입생의 수를 세고 한 명이 부족한데도 아무도 모르게 그냥 넘어갈 수 있었던 거구나!"

조지는 고개를 푹 숙이고 한숨을 쉬었다.

"이제 모두 알아 버렸으니 어쩔 수 없군. 맞아, 네가 말한 대로야.

사실 이 대학교로 입학이 결정되고서 바로 계획을 세웠어. 입학식 날 신입생에게만 도서관에서 왕관과 방패가 공개된다는 걸 알고 있었거든."

홈스는 조지의 자백을 듣고 나서, 학교에 이 사실을 알렸다. 다행스럽게도 왕관과 방패는 무사히 도서관으로 돌아왔다.

"달꿈아, 고마워. 사진을 관찰하고 그림자의 길이와 방향이 다른 것을 찾아내다니 정말 대단했어. 네가 아니었다면 이렇게 사건을 해결할 수 없었을 거야."

"고맙기는 뭘. 나는 호기심을 가지고 사건을 해결하려고 노력하는 네 모습이 정말 멋지다고 생각했어. 게다가 수많은 사람의 이름과 성을 한 번 보고 모두 기억하다니 놀라운 재능인걸."

"그건 재능이 아니야. 사실 난 관찰을 한 뒤 새롭게 알게 된 것들을 꼭 수첩에 기록해 두거든. 그리고 그것들을 여러 번 살펴보면서 추리를 하는 거야."

"천재처럼 보이는 너에게 그런 숨은 노력이 있는 줄 몰랐어. 그런 모습이 더 멋지게 보여."

"달꿈아, 너와 함께라면 앞으로도 많은 사건을 해결할 수 있을 것 같아. 졸업 후에 나와 함께 탐정 사무소를 열지 않을래?"

달꿈이와 홈스는 서로 마주 보고 웃으며 손을 마주쳤다. 그런데 손뼉을 두 번 마주친 순간 달꿈이가 갑자기 사라져 버렸다. 놀라 주변을 두리번거리던 홈스의 앞에 작은 카드가 놓여 있었다.

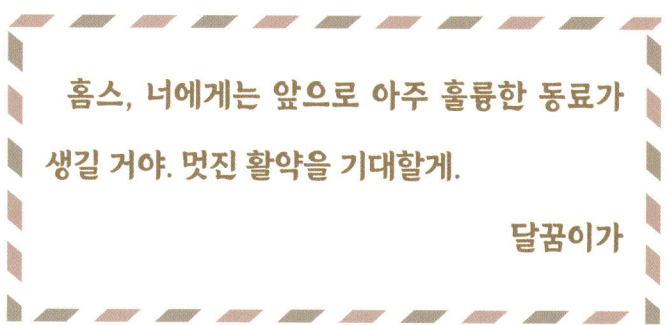

홈스, 너에게는 앞으로 아주 훌륭한 동료가 생길 거야. 멋진 활약을 기대할게.

달꿈이가

너무나 신기한 일인데도 홈스는 조금도 놀라지 않았다. 오히려 미소를 띠며 말했다.

"흠, 갑자기 사람이 사라지다니 흥미로운 사건이군. 훗."

그것이 궁금해

추리의 방법

추리란 관찰한 사실 또는 자신의 경험이나 자신이 알고 있는 것을 바탕으로 하여 어떤 일이 일어난 까닭을 생각하는 것입니다. 같은 대상을 관찰했다 하더라도 사람에 따라 다르게 추리할 수 있기 때문에 다른 사람의 추리에 대해서도 존중하는 태도를 가지고 생각해 보아야 합니다. 다양한 관찰과 경험으로 새로운 사실을 알아내면 추리 내용이 맞는지 틀렸는지 정확히 판단할 수 있어요.

이 이야기에서 홈스는 단체 사진을 관찰하고 그림자의 방향이 다른 사람을 찾아냅니다. 그리고 관찰한 결과를 자신이 알고 있는 지식(그림자는 빛의 반대 방향에 생긴다)와 관련지어 그 사람이 사진 찍은 시간이 다르다는 것을 추리해 범인을 찾아냅니다.

추리의 방법

(1) 탐구 대상을 다양한 방법으로 정확하게 관찰하기

(2) 추리한 내용이 관찰한 결과를 설명하는지 판단하기

(3) 나의 경험과 이미 알고 있었던 것과 관련지어 생각해 보기

선생님과 과학 읽기

그림자의 이동

　빛이 지나가는 길을 막으면 빛의 반대쪽에 어두운 그늘이 생깁니다. 이 그늘을 그림자라고 합니다. 이야기에서 홈스는 하루 동안 그림자의 방향과 길이가 달라진다는 지식을 이용하여 범인을 찾아냅니다.

　햇빛으로 만들어지는 그림자는 태양의 높이에 따라 아침과 저녁에는 길게 만들어지고 한낮에는 짧게 만들어집니다. 하루 동안 태양은 동쪽에서 남쪽을 거쳐 서쪽으로 움직입니다. 따라서 그림자의 방향도 서쪽에서 북쪽을 거쳐 동쪽으로 이동합니다.

더 알아볼까?

발자국으로 추리하기

다음의 그림을 관찰해 보고 어떤 일이 일어났을까 추리해 봅시다.

관찰 결과와 추리 내용

(1) 큰 발자국과 작은 발자국이 있다.

(2) 발자국의 간격이 점점 넓어진다.

(3) 두 종류 발자국이 한데 모여 어지럽게 찍혀 있다.

(4) 큰 발자국만 위쪽으로 찍혀 있다.

(1) 두 종류의 공룡이 있었을 것이다. (2) 지점에 공룡이 점점 빠르게 달렸을 것이다. (3) 두 공룡이 만나서 싸움이 벌어졌을 것이다. (4) 큰 공룡이 작은 공룡을 잡아먹고 혼자 이동했을 것이다.

옷장 밖으로 나온 달꿈이는 어느 밭에 누워 있었다. 밭은 절반 정도가 가지런히 정리되어 있었다. 주변을 둘러보니, 한 남자가 땀을 뻘뻘 흘리며 열심히 밭을 갈고 있었다. 그 남자의 이름은 이반이었다.

이반의 삽이 달꿈이 얼굴까지 왔을 때였다. 이반이 달꿈이를 향해 큰 소리로 말했다.

"악마가 여기 또 있네. 나한테 혼나고도 아직도 정신을 못 차렸니?

내가 너희들 악마 때문에 얼마나 고생했는지 아니? 어떤 날은 배가 계속 아팠지만 참고 일을 했지. 그리고 너희들이 쟁기를 계속 부러뜨려서 농사짓기도 힘들었고."

"전 악마가 아니에요. 보시다시피 전 사람이에요. 이름도 있어요. 최달꿈이라고요."

이반이 어처구니없다는 표정을 지으며 말했다.

"너같이 생긴 사람도 다 있니?"

이반의 말을 들은 달꿈이는 몸 구석구석을 살펴보았다. 머리를 만져 보니 뿔 두 개가 있었고 새까만 꼬리는 끝이 화살표 모양으로 나 있었다. 또한 달꿈이의 키는 이반의 무릎 정도밖에 되지 않았다. 달꿈이가 이런저런 생각을 하는 사이 이반이 말했다.

"이 구멍을 보아라. 너 같은 악마가 사라지고 생긴 구멍이다. 이래도 네가 악마가 아니라고 할 거냐?"

과연 이반 말대로 땅에는 이반의 손가락 한 마디 정도 되는 구멍이 있었다. 달꿈이는 어찌할 도리가 없어 멍하니 땅에 주저앉아 버렸다. 다행히 이반은 달꿈이를 더는 상대하지 않고 묵묵히 자신의 할 일을 계속했다.

이반은 밭 갈기를 모두 마치고 나자 양동이 두 개를 가지고 어디론가 갔다. 한참이 지난 뒤 이반은 물을 가득 채운 양동이를 가지고 밭에 오더니 물을 뿌리기 시작했다. 그리고 양동이를 들고 다시 물을 길으러 갔다. 이 모습을 지켜본 달꿈이는 이반에게 말했다.

"어디에서 물을 길어 오는 거예요?"

"이 근처에 작은 강이 하나 있는데 그곳에서 물을 가져오는 거야."

"제가 생각해 봤는데 당신이 강에서 물을 길어 오는 시간이 왕복 10분 정도 걸렸어요. 이렇게 물을 주다가는 하루 종일 걸릴 것 같은데요? 그럴 바에 차라리 강에서 밭으로 물길을 내면 어떨까요? 물은 높은 곳에서 낮은 곳으로 흐르니 물은 그 길을 따라 밭으로 흘러갈 수 있지요."

"듣고 보니 그럴듯하구나. 그런데 혹시 또 무슨 꿍꿍이가 있는 건 아니냐? 만약 네 말대로 되지 않을 때는 내가 가만히 있지 않을 거야."

이반은 혼자 물길을 내는 게 힘들어 마을 사람들에게 도움을 청했다. 다행히 마을 사람들은 이반의 부탁을 들어주었고, 모든 사람이 힘을 합쳐 강에서 밭으로 이어지는 물길을 내기 시작했다. 강물은 이반이 파 놓은 물길을 따라 시냇물처럼 졸졸 흐르더니 이반의 밭 근처는 물론 마을 안쪽으로 이어졌다.

마을 사람들은 비가 온 지 오래되어 올해 농사가 걱정되던 차에 이반이 어떻게 이런 방법을 생각했는지 의아해했다.

"허허, 이상도 하지. 바보 이반이 이런 생각을 했다는 게 도저히 믿기지 않네그려. 갑자기 똑똑해지는 약이라도 먹었나? 아무튼 이반 덕분에 농사짓기가 더 편해졌네."

그런데 이 모습을 지켜보고 있던 이가 있었으니 바로 대악마였다. 대악마는 이반이 농사를 잘하는 모습을 보자 점점 화가 나기 시작했다.

"아니, 이게 무슨 일이냐? 이반의 형들을 괴롭히러 간 꼬마 악마들은 깜깜 무소식이고 오히려 이반이 더 잘 지내고 있잖아? 그나저나 이반을 혼내 주기로 한 저 꼬마 악마는 오히려 이반을 도와주고 있으니, 그것 참 수상하군. 아무래도 내가 직접 가서 처리해야겠구나."

달꿈이의 지혜 덕에 이반의 밭에 있는 농작물은 무럭무럭 자랐다.

어느덧 여름이 되었다. 하늘이 점점 시커멓게 변하더니 비가 내리기 시작했다. 이반을 포함한 마을 사람들은 드디어 가뭄이 해결되었구나 하며 내리는 비를 반겼다.

비는 사흘 동안 계속 내렸다. 달꿈이는 걱정되는 마음에 이반과 함께 논을 둘러보며 근처에 있는 강으로 갔다. 강은 이미 계속되는 비로 인해 물 높이가 올라가 있었다. 강을 바라보며 근심 어린 표정으로 이반이 말했다.

"강에 물이 점점 불어나서 걱정이야. 이러다가 강물이 넘치면 어떡하지?"

달꿈이도 걱정하는 눈빛으로 이반을 보며 말했다.

"이반! 비가 얼마나 오는지 알아야겠어요. 농사를 지을 때 비의 양이 중요하잖아요. 이렇게 비가 많이 온 적이 있었어요?"

"글쎄다, 비의 양을 재 본 적이 없으니 언제 얼마나 오는지 알 수 없지."

"그래요? 그럼 비의 양을 측정하면 어떨까요?"

달꿈이의 말을 들은 이반은 알 수 없는 표정을 지으며 말했다.

"무슨 수로 비의 양을 측정할 수 있지?"

"땅에 구멍을 파서 비의 양을 재 보면 어떨까요?"

달꿈이의 제안에 이반은 매우 반가워하며 맞장구를 쳤다.

"그래! 그럼 내가 얼른 삽을 가져올게."

이반은 앞마당에 구멍을 파기 시작했다. 빗물에 젖어 있던 땅이라 쉽게 구멍을 팔 수 있었다.

"이반! 한 개만 파면 실패할 수도 있으니 두 개를 더 파서 비교해 봐요."

"그래. 좋은 생각이다. 그런데 달꿈아, 구멍을 어떤 모양으로 파야 하지?"

"일정한 비의 양을 재야 하기 때문에 구멍 안의 모양은 원기둥 모양이 되어야 해요."

구멍을 파고 한 시간이 지나자 비가 오기 시작했다. 다음 날 이반과 달꿈이는 비의 양을 재기 위해 자를 들고 구멍을 파 놓은 앞마당으로 갔다. 그런데 이게 어찌된 일인가?

"우리가 파 놓은 구멍으로 비의 양을 재려고 했는데 첫 번째 구멍에는 빗물이 전혀 남아 있지 않네. 두 번째, 세 번째 구멍에는 빗물이 조금만 남아 있고. 도대체 그 많은 빗물이 어디로 사라진 거지?"

이반이 어리둥절한 표정을 지으며 달꿈이에게 물었다.

"비가 땅속으로 흡수되어 사라진 것 같아요. 우리가 그 생각을 못 했네요."

"이제 비의 양을 재기는 글렀다. 비가 오는 것은 하늘의 뜻인데 우리가 그걸 무슨 수로 알 수 있겠어. 비가 오면 오는 대로, 안 오면 안 오는 대로 사는 거지."

이반이 한숨을 내쉬며 말했다.

"그렇지 않아요. 비의 양을 재는 방법이 분명히 있을 거예요."

그때 갑자기 달꿈이의 머릿속에 좋은 생각이 떠올랐다.

"이반! 우리가 땅에 구멍을 파고 비의 양을 재려고 했을 때 빗물이 땅속으로 스며들어 제대로 잴 수가 없었잖아요. 그렇다면 땅속 구멍에 흡수되지 않은 물건을 넣어 비의 양을 재면 어떨까요?"

"흡수되지 않은 물건이라, 그게 무엇일까? 혹시 이 양동이는 어때?"

이반은 땅에 구멍을 팠던 모양과 비슷한 양동이를 달꿈이에게 보여 주며 말했다.

"그 양동이는 너무 커서 비가 적게 왔을 때 그 양을 재기 힘들지 않을까요?"

"그렇겠구나. 그럼 이건 어때?"

이반은 부엌으로 가더니 높이가 길며 폭은 좁은 물통을 가져왔다. 달꿈이는 이반이 가져온 물통을 들고 집 밖으로 나갔다. 달꿈이와 이반의 마음을 읽은 듯 때마침 비가 부슬부슬 내리기 시작했다. 달꿈이는 하루 동안 비의 양을 재기 위해 평평한 바닥 위에 물통을 올려놓았다. 달꿈이는 이반에게 긴 자를 달라고 한 뒤 통 속에 수직으로 꽂아 그 높이를 쟀다.

"오늘이 7월 18일이고 비의 양은 8cm 정도야."

이반이 달꿈이를 보며 말했다.

"이반, 이 마을에도 도서관이 있겠죠? 분명 학자들이 1년 동안 내린 비의 양을 정리해 놓은 게 있을 거예요. 그걸 참고하는 게 좋겠어요."

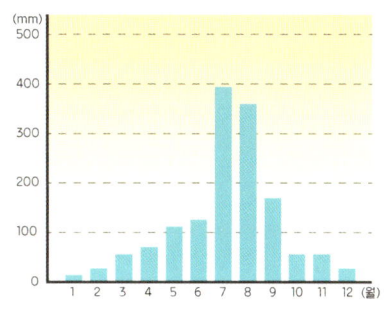

이반과 달꿈이는 도서관으로 향했고, 달꿈이의 말대로 1년 강수량을 기록한 자료를 찾을 수 있었다. 비의 양을 기록한 그래프를 보니 일 년 중 7월에 비가 가장 많이 오는 걸 알 수 있었다.

한편 대악마는 이반과 꼬마 악마 달꿈이가 비의 양을 재고 있다는 사실을 알고 조용히 이반의 집에 들어갔다.

'이렇게 비의 양을 재면 언제 비가 많이 오는지, 또 적게 오는지 알기가 쉽잖아. 그럼 농사도 잘 지을 거고. 비의 양을 재지 못하게 자를 가져가 버려야겠다.'

대악마는 이반의 집에서 자를 모두 가져갔다. 이 사실을 모르는 이반은 오늘도 비의 양을 재기 위해 자를 가지러 갔다. 그런데 아무리 찾아도 자가 보이지 않았다. 이반은 울상을 지으며 주저앉아 울고 있었다.

"이반, 왜 울고 있어요?"

"비의 양을 재려고 하는데 아무리 찾아봐도 자가 보이지 않아."

"이반, 잘 봐요. 유리로 된 긴 컵에 이렇게 눈금을 그리면 더 이상 자가 필요하지 않죠."

달꿈이는 유리로 된 컵에 자로 눈금을 표시하기 시작했다.

"이렇게 눈금을 표시하면 더 편리하게 비의 양을 잴 수 있겠네."

이반과 달꿈이가 만든 유리컵 측우기는 이반이 살고 있는 마을 사람들에게도 알려졌고 좀 더 많은 사람들이 비의 양을 측정할 수 있게 되었다. 그래서 계절별 강수량을 기록하여 농사에 도움을 줄 수 있었다. 비가 많이 오는 시기를 대비하여 강에 제방(물가에 흙이나 콘크리트 등으로 쌓은 둑. 홍수나 해일에 물이 넘어 들어오지 못하게 함.)을 쌓았다. 그리고 비가 오지 않을 때를 대비하여 강의 물을 저장하여 가뭄을 대비할 수 있었다.

한편 대악마는 자신이 자를 훔쳤는데도, 이반이 형제들과 더 우애 있게 잘 지내고 농사를 잘 지은 것을 보자 분함을 참지 못하고 땅속으로 쏙 들어갔다.

달꿈이는 이반과 함께한 시간으로 더욱 즐거운 여행이 되었다.

그것이 궁금해

측정을 할 수 있는 도구에는 무엇이 있을까?

측정이란 탐구하고자 하는 대상의 길이, 무게, 시간, 온도 등을 재는 것을 말합니다. 측정을 하기 위해서는 도구가 필요합니다. 자, 저울, 시계, 온도계 등을 이용하여 측정할 수 있습니다. 이때 중요한 것은 측정 도구를 사용하여 대상을 자세히 관찰한 후 변화 과정을 잘 기록하는 것입니다. 그리고 이 기록을 살펴보고 의미 있는 결과를 도출하는 것입니다.

이야기에서 달꿈이와 이반은 비가 오는 양을 '측우기'라는 도구에 담아 측정합니다. 또한 비의 양을 자로 측정하고 이를 잘 기록하여 1년 동안의 강수량을 알 수 있었습니다.

측우기(금영측우기 복원-부산 동래읍성 장영실과학공원)

선생님과 과학 읽기

자격루와 앙부일구

　장영실이 발명한 조선 시대 시계 자격루와 앙부일구를 소개합니다. 자격루는 물을 이용하여 시간을 측정하는 조선 시대 물시계입니다. 자격루는 파수호라는 항아리에 일정하게 물이 채워지고 물이 떨어지는 낙차를 이용해 구슬을 움직이며 시간을 알려 주는 시계였습니다.

　앙부일구는 태양의 움직임으로 시간을 측정하는 해시계입니다. 앙부일구는 하늘을 우러러보는 항아리 모양의 시계로, 오목한 모양의 그릇에 뾰족한 침이 가리키는 그림자를 보고 시간과 절기를 알 수 있었습니다.

자격루

앙부일구

> 더 알아볼까?

공기의 무게를 재 볼까?

물과 같은 액체는 그릇에 담아서 그 양을 측정할 수 있습니다. 그러나 눈에 보이지 않는 공기는 어떻게 측정할 수 있을까요? 눈이 보이지 않는다고 해서 측정할 수 없는 것은 아닙니다.

❶ 저울 위에 풍선을 올려놓고 무게를 측정합니다.
❷ 풍선에 바람을 불고 저울 위에 올려놓고 무게를 측정합니다.

❸ 풍선을 불기 전과 분 후의 무게가 달라졌나요? 공기가 눈에 보이지 않는다고 무게가 없는 건 아니랍니다. 우리가 매일 숨 쉬는 공기는 비록 눈에 보이지 않지만 무게를 가지고 있고, 우리는 공기 없이는 잠시도 살 수 없답니다.

달꿈이는 옷장을 지나 어디론가 깊숙이 빠져 들어갔다. 어디선가 바닷물 짠내가 났다. 갑자기 머리 위로 집채만 한 파도가 달꿈이 위로 쏟아지려고 했다.

철썩.

"아이, 차가워."

달꿈이는 차가운 바닷물에 몸을 덜덜 떨었다. 여기가 어디인지 두리번거렸다. 놀랍게 주변은 끝이 없는 바다에 둘러싸여 있고, 달꿈이의 앞에는 바퀴 모양의 나무 핸들이 돌아가고 있었다.

"혹시, 이건?"

"선장님, 큰일입니다. 큰 바람이 갑자기 몰아쳤는데, 돛을 거두는 인원이 지금 너무 부족합니다. 그래서 바람에 이리저리 배가 흔들리고 있습니다."

'뭐라고? 이번엔 내가 선장이라고?'

달꿈이는 얼굴을 만져 봤다. 얼굴에 까끌까끌한 털이 수북하게 덮여 있었다. 이제는 더 이상 서 있기 힘들 정도로 배가 흔들렸다. 저 멀리서 말끔한 복장을 차려입은 한 사내가 배의 난간을 잡고 비틀거리며 다가오고 있었다.

"스몰렛 선장, 이러다가 큰일 나겠어요. 당장 대책이 필요합니다."

'스몰렛이라면 보물섬의 히스파뇰라호를 이끄는 그 선장이잖아.'

몇 안 되는 선원들이 돛대 위에 올라가 돛을 거두기 위해 낑낑대는 모습이 눈에 들어왔다. 돛은 바람에 빵빵하게 부풀어 올라와 있어 쉽게 걷히지 않았다. 달꿈이는 좋은 생각이 떠올랐다.

"찢으세요."

"선장, 지금 뭐라고 했소? 이 트릴로니의 배를 뭐 어쩌라고요?"

"네, 지금 저 돛을 찢지 않으면 지주님의 배는 바다에 고꾸라질 겁니다."

트릴로니는 잠시 생각에 잠기더니 결심했다는 듯 여기저기 다니며 소리 지르기 시작했다.

"이 배 주인의 명령이다. 돛을 다 찢어라! 다시 말한다. 필요하다면 칼로 찢어라!"

처음에 선원들은 멈칫거렸지만 결국 여기저기에서 돛을 찢기 시작했다. 돛이 찢어진 사이로 강한 바람이 빠져나가기 시작하면서 배는 점점 안정을 찾아가기 시작했다. 잠시 후 배는 폭풍 지대로부터 완전히 벗어났다.

"정말 대단했어요, 스몰렛 선장님. 그 상황에서 돛을 찢으라고 명령을 내리셨네요."

달꿈이 앞에 나타난 남자아이와 부드럽지만 강인한 눈을 가진 한 신사가 감사의 마음을 전했다.

'이 꼬마는 보물섬의 주인공 짐 호킨스. 그리고 옆에 있는 분은 의사 리브지 선생인가?'

"감사는 이미 충분하구나, 짐! 하하! 그나저나 리브지 선생님, 이렇게 큰 배에 선원들이 너무 적네요. 다들 어디 갔나요?"

"선장님, 지난번에 말했듯이 지금 26명의 선원 중 15명의 선원이 피를 흘리며 누워 있어요."

"혹시, 배 위에 선원들이 잘 걸린다는 그 병인가요?"

"맞습니다. 피를 흘리며 죽어 가는 괴혈병입니다."

달꿈이는 과학책에서 봤던 내용이 떠올랐다. 대항해 시대 선원들은 입에서 피를 흘리고 쓰러지는 일이 많았는데, 괴혈병이 그 이유였다. 괴혈병은 비타민 C를 먹으면 쉽게 낫는 병이기도 했다. 달꿈이는 트릴로니 지주, 리브지 선생, 부선장, 1등 항해사를 불러 긴급 회의를 열었다.

"지금 배 안에 괴혈병 환자가 많아요. 이 근처에 쉬어 갈 수 있는 섬이 어디 없을까요?"

"선장님, 이 근처에 치료의 섬이라고 불리는 아쿠안느라는 섬이 있어요."

1등 항해사가 말하자 달꿈이는 갑자기 관심이 생겼다.

"아쿠안느 섬이요? 혹시 비타민 C를 구할 수 있나요?"

"뭐라고요? 선장님, 비타민이 뭔가요?"

리브지 선생이 눈을 동그랗게 뜨고 말했다.

'아차! 여기는 옛날이라 모를 수도 있겠다. 비타민 C가 많은 음식이 뭐였지?'

머리를 쥐어짜는 달꿈이를 보고 모두가 걱정스러운 눈으로 쳐다보았다.

"아! 레몬, 레몬이 있나요?"

"레몬이라면 그 비싼 레몬을 말씀하시는 건가요? 그 섬에 그런 고급 과일은 없습니다."

1등 항해사가 고개를 저으며 말했다.

"그 신맛이 나는 레몬이 피가 나는 것을 막을 수 있나요?"

트릴로니 지주가 리브지 선생을 보며 물었다.

"그렇다는 이야기는 있습니다. 하지만 지주님도 아시지만 레몬은 워낙 비싸서 아무 곳에서나 구할 수 없지 않습니까?"

"뭐가 걱정이에요. 꺼억! 이 섬에서 이것저것 먹다가 보면 다들 낫더라고요."

부선장이 아직 술이 덜 깬 듯 느릿느릿 말했다.

"아니에요. 그러면 안 돼요. 반드시 레몬을 대신할 수 있는 것을 찾아야 합니다."

달꿈이가 말하자 리브지 선생이 좋은 생각이 난 듯 말을 이었다.

"선장님, 레몬은 신맛이 나는 음식이니, 섬에 있는 신 음식을 여러 가지 가져와서 환자에게 먹여 보는 건 어떨까요?"

"리브지 선생님, 좋은 생각이에요. 다들 섬에서 신 음식을 여러 개 구해 오세요."

잠시 후 배가 아쿠안느 섬에 닿았다. 1등 항해사가 건강한 선원을 불러 모았다.

"이제 나가서 실컷 즐겨라. 대신 돌아올 때 신맛이 나는 음식을 하나씩 가지고 오도록 해."

선원들은 오랜만에 땅을 밟게 되자 휘파람을 부르며 뛰어나가기 시작했다.

저녁때가 되자 선원들은 신맛이 나는 음식을 하나씩 가져왔다. 사과, 식초, 오래된 소고기 수프, 라임이었다. 달꿈이는 하나하나 자세히 살펴보기 시작했다. 오래된 소고기 수프에서는 쉰내가 났다. 달꿈이는 손으로 코를 막았다.

"이것은 안 되겠네. 사람이 먹어서는 안 되는 것이야."

"선장, 그래도 신맛이 난다고 하는데 먹여 보는 게 어떻겠나?"

문제를 해결하고 싶은 트릴로니 지주는 아쉬운 듯 말했다. 달꿈이는 고개를 저었다.

"안 됩니다, 지주님. 절대로 상한 음식을 아픈 사람에게 먹일 순 없습니다."

달꿈이의 단호한 말에 트릴로니도 어쩔 수 없었다. 그때였다. 다리를 절뚝이며, 실버가 바닷물 한 바가지를 들고 왔다.

"선장님, 정말이라니까요. 이 바닷물만 먹이면 다 낫게 할 수 있습니다. 정신이 다 빠져서 그렇습니다. 이거 마시면 정신이 번쩍 들 겁니다."

실버가 확신에 찬 표정으로 말하자 달꿈이도 받아들였다.

"알겠어요. 상태가 아주 안 좋은 선원들은 빼고 괴혈병에 걸린 선원을 다 모이게 해 주세요."

얼마 뒤에 갑판 위에 입과 코에서 피가 나는 선원 8명이 모였다.

"빨리 먹이자고, 선장!"

트릴로니 지주가 말했다.

"지주님, 다 먹이는 것은 의미가 없어요. 우리는 어떤 것이 피를 멈추게 하는지 알아야 합니다. 지금 우리가 하는 것을 바로 실험이라고 합니다."

"실험이라고요?"

"문제가 무엇인지 알고, 해결 방법을 예상해서 해 보고 결과를 얻는 것입니다."

"실험은 참 복잡하네요, 선장."

"실험을 하기 전 같게 해 주어야 하는 것들과 다르게 해 주어야 하는 것을 구분해야 합니다."

트릴로니 지주는 무슨 말인지 도통 모르겠다는 표정을 지었다.

"우선, 8명을 2명씩 짝을 지어 4조로 나누고, 빵과 물을 세 끼 똑같이 먹입니다. 그리고 1조는 사과, 2조는 식초, 3조는 바닷물, 4조는 라임을 세 시간마다 먹입니다. 그리고 상태를 파악해 주세요. 의사인 리브지 선생님이 자세히 봐 주셨으면 합니다."

"알겠습니다, 선장님. 당연히 의사인 제가 해야죠."

"중요한 것은 빵과 물은 꼭 같은 것을 먹이고 사과, 식초, 바닷물, 라임만 조마다 다르게 먹여야 한다는 것입니다."

그로부터 며칠이 지났다. 리브지 선생은 그동안 환자의 상태를 환자별로 꼼꼼하게 정리한 실험 기록을 가져와 선장에게 보여 줬다. 나은 사람도 있고 아직도 피를 흘리는 사람도 있었다. 달꿈이는 글보

다는 표로 정리하는 것이 여러 사람이 보기에 좋을 것이라 생각해, 리브지 선생이 준 실험 기록을 표로 그려 정리했다. 리브지 선생은 신기한 눈으로 바라보았다.

"정말 선장은 머리가 좋군요. 실험한 내용이 한눈에 들어오네요. 짐, 네 생각은 어떠니?"

"네. 저도 실험 기록만 보고는 잘 몰랐는데, 표로 보니 단번에 알겠네요."

"고맙다, 짐. 선장으로서 명령한다. 선원들을 모두 여기에 모아 줄 수 있겠니?"

짐은 배 안의 선원을 모두 모았다. 달꿈이는 작성된 표를 가지고 모두의 앞에 섰다.

치료를 위해 먹은 것	사과	식초	바닷물	라임	○ : 치료됨 △ : 좋아짐 X : 피가 남
1일째	XX	XX	XX	△△	
2일째	X△	XX	XX	○○(치료 끝)	
3일째	△○	XX	XX		

"이게 무엇인지 설명해 보게나."

두 눈을 깜박이며 트릴로니 지주가 물었다.

"네, 가로는 4개 조가 각각 먹은 것이고, 세로는 시간의 흐름입니다. ○△X 기호 하나하나는 사람 하나입니다. 이 표로 보았을 때 바닷물과 식초는 효과가 없었어요. 하지만……."

"나도 알겠네. 사과나 라임은 상태가 많이 좋아졌고, 특히 라임은 이틀 만에 모두 다 나았다는 말이군."

달꿈이는 잔잔한 미소를 지었고, 트릴로니 지주는 선원들에게 명령을 내렸다.

"잘 봤느냐? 실험 결과 대로 라임이 좋은 것 같구나. 빨리 내려서 라임을 잔뜩 가져와 창고에 쟁이고, 아직 치료가 되지 않은 선원들에게 먹여라."

며칠 뒤 배 안의 선원들 모두 괴혈병이 치료되었다. 마침 불어오는 강한 바람에 항해는 순조로웠다.

"모두들, 보물을 꼭 찾길 바라요. 전 여기까지입니다."

달꿈이는 힘차게 손뼉을 두 번 쳤다.

그것이 궁금해

통합 탐구 능력이란 뭘까?

통합 탐구 능력은 문제를 찾아 관찰한 뒤 여러 가지 예상을 하고 실험을 해 보는 능력을 말해요. 이야기에서는 레몬이 괴혈병 치료에 도움이 된다는 것을 알고, 레몬처럼 신맛이 나는 라임을 괴혈병이 걸린 환자에게 먹이고 그 상태를 확인해 보았죠. 이런 실험을 진행하기 위해서는 같게 해 줘야 하는 것이 있고 다르게 해 주어야 하는 것이 있어요.

같게 해 준 것은?

치료를 받는 동안 환자에게 동일한 음식과 물을 주었어요. 다르게 해 준 것이 환자에게 어떤 영향을 미치는지 알기 위해서 그런 것이에요.

다르게 해 준 것은?

1조는 사과, 2조는 식초, 3조는 바닷물, 4조는 라임을 각각 주었어요. 위와 같이 하면 어떤 것이 괴혈병을 치료해 주는지 알 수 있어요.

실험 결과를 표로 정리한 것(102쪽)을 살펴보아요. 이렇게 다양한 과학적 방법을 활용하여 문제를 해결하는 과정을 통합 탐구라고 합니다. 단순히 관찰이나 측정에 그치는 것이 아니라 직접 실험하고, 자료를 모아서 어떤 원리나 규칙을 찾아내는 활동입니다.

선생님과 과학 읽기

괴혈병과 라임

오랜 시간 괴혈병은 선원들에게 매우 골치 아픈 병이었어요. 2,000명의 선원이 큰 바다로 출항하면 1,000명의 선원을 괴혈병으로 잃기도 했지요.

1747년 영국 해군 의사 제임스는 문제 해결을 위해 괴혈병 환자 12명을 2명씩 나눠서 실험을 했어요. 1조는 사과술, 2조는 식초 물, 3조는 황산, 4조는 바닷물, 5조는 마늘, 6조는 오렌지와 레몬을 먹였지요. 6조는 6일 후에 완전히 치료가 되었답니다. 오렌지와 레몬이 해결책이라는 것을 알게 된 것이에요. 하지만 오렌지와 레몬은 당시 너무 비싼 과일이었어요.

이후에 비슷한 과일을 발견했어요. 바로 라임이에요. 그때부터 라임으로 괴혈병 문제를 해결한 영국은 이후 바다를 개척해서 최고의 전성기를 누리게 되었답니다. 라임의 비타민 C가 괴혈병을 치료했다는 사실을 알게 된 것은 훨씬 이후의 일이에요.

더 알아볼까?

아이오딘 용액과 비타민 C가 만나면?

* 주의사항: 반드시 부모님과 함께 실험을 해 주세요.

재료: 아이오딘 용액(별명: 빨간약), 비타민 C가 들어간 음료, 종이컵, 젓가락

❶ 재료를 준비합니다.   ❷ 종이컵에 아이오딘 용액을 적당히 붓습니다.   ❸ 젓가락으로 섞어 줍니다.   ❹ 비타민 C 음료를 넣습니다. 컵 안의 용액이 물처럼 투명해집니다.

아이오딘 용액은 붉은 갈색입니다. 아이오딘 용액은 비타민 C와 만나면 상태가 다른 것으로 변합니다. 아이오딘 용액의 상태가 변하면서 색깔도 잃어버리는 것이랍니다.

깜짝 지식

비타민 C가 많을수록 아이오딘 용액의 색깔이 잘 변합니다. 만약 오렌지 주스를 넣었는데도 색이 잘 변하지 않는다면? 그건 바로 비타민 C가 많이 들어 있지 않다는 뜻입니다.

주의사항 : 종이컵 안에 물처럼 투명해진 아이오딘 용액을 절대로 먹으면 안 됩니다.
더 자세한 이야기는 닥터 프랜즈(의사가 말하는 비타민 C)를 통해 알아보세요.

에필로그
동화 속 모험이 끝나고…

아침 식사를 마친 나는 문 밖을 나섰다. 그런데 현관 앞에 편지 한 장이 떨어져 있었다.

달꿈이에게

당신의 용기와 지혜 덕분에
동화 나라의 모든 문제가 해결되었어요.
정말정말 고마워요.
항상 당신의 꿈을 응원할게요.

- 동화 나라 요정들 드림 -